供应链项目运营

主　编　李斌成
副主编　杨文科　白　鑫　何国强
　　　　姜保军　李铁光　王青竹

中国财富出版社有限公司

图书在版编目（CIP）数据

供应链项目运营／李斌成主编 . —北京：中国财富出版社有限公司，2023.11
ISBN 978 - 7 - 5047 - 8023 - 2

Ⅰ.①供…　Ⅱ.①李…　Ⅲ.①供应链管理-项目管理　Ⅳ.①F252

中国国家版本馆 CIP 数据核字（2023）第 236150 号

策划编辑	徐　妍	**责任编辑**	徐　妍	**版权编辑**	李　洋
责任印制	尚立业	**责任校对**	张营营	**责任发行**	敬　东

出版发行	中国财富出版社有限公司		
社　　址	北京市丰台区南四环西路 188 号 5 区 20 楼	**邮政编码**	100070
电　　话	010 - 52227588 转 2098（发行部）	010 - 52227588 转 321（总编室）	
	010 - 52227566（24 小时读者服务）	010 - 52227588 转 305（质检部）	
网　　址	http://www.cfpress.com.cn	**排　　版**	义春秋
经　　销	新华书店	**印　　刷**	北京九州迅驰传媒文化有限公司
书　　号	ISBN 978 - 7 - 5047 - 8023 - 2/F · 3612		
开　　本	787mm×1092mm　1/16	**版　　次**	2023 年 11 月第 1 版
印　　张	9.25	**印　　次**	2023 年 11 月第 1 次印刷
字　　数	225 千字	**定　　价**	46.00 元

前　言

供应链是由在生产及流通过程中，将产品或服务提供给最终用户的上游与下游组织，形成的网链结构。在经济全球化的今天，企业生产需要的原材料和零部件来自多地甚至多国，企业之间的竞争表现为企业供应链之间的竞争。在全球经济一体化发展趋势下，全球产业体系和供应链呈现多元化布局、区域化合作、绿色化转型、数字化加速的态势。党的二十大报告中指出：我们要坚持以推动高质量发展为主题，把实施扩大内需战略同深化供给侧结构性改革有机结合起来，增强国内大循环内生动力和可靠性，提升国际循环质量和水平，加快建设现代化经济体系，着力提高全要素生产率，着力提升产业链供应链韧性和安全水平。现代物流和供应链管理日益受到关注，同时也面临着前所未有的发展机遇。

本书主要由认识供应链项目运营、供应链项目承接、供应链项目运营管理和供应链项目运营的实践四部分内容构成，具体包括供应链的概念及特征、供应链的结构模型；如何进行项目立项；供应链环境下的生产计划和生产控制以及生产计划的编制方法与流程；库存管理的策略及仓储作业流程；采购计划的编制、供应商的寻找以及采购订单的跟进和处理；运输配送的基本作业流程和运输成本的降低策略；供应链管理中的主要信息技术；供应链金融风险识别与评估等。本书在编写过程中融入了大量案例，让读者能够更加深入地理解相关知识。

本书在编写过程中参考了国内外专家学者的著作、教材和案例，在此对这些研究者表示真诚的感谢！由于作者水平有限，书中难免会有疏漏，敬请广大读者批评指正、不吝赐教。

编　者
2023 年 11 月

目　录

第一章　认识供应链项目运营

 **本章导入**

风神汽车有限公司的供应链管理

风神汽车有限公司（以下简称"风神汽车"）是我国有名的汽车制造厂，它通过应用供应链系统，提升了竞争优势，主要表现在以下几个方面。

第一，风神汽车与花都、襄樊公司、供应商形成了长久的战略合作伙伴关系，优化供应链上各成员协调合作与经营管理的方式，达到了内部信息共享，物流顺畅，提高了反应速度，赢得了时间与空间上的优势。同时使用战略合作方式，能够充分将供应链上企业的核心竞争力发挥出来，实现资源的互补和共享，形成强大的竞争优势。

第二，风神汽车设置了中间库存，并使用准时化采购的手段，有效降低了各个环节的库存量，从而减少了库存中不必要的成本损耗。

第三，风神汽车优化了全球范围内的合作，在供应链各个节点上的企业充分发挥其专业优势、核心能力，致力于将资源凝聚在核心业务上，对客户需求能够快速有效地做出反应，减少产品研发、制造、销售及其他服务所用的时间和距离，大幅缩短订货提前期。

供应链专家马丁·克里斯多夫提出：市场上只有供应链而没有企业，真正的竞争不是企业与企业之间的竞争，而是供应链与供应链之间的竞争。供应链成为企业的一条生命线，企业需要对供应链进行不断地优化和整合，只有这样，才能立足于当今激烈的市场竞争中。那么，什么是供应链呢？

第一节　何谓供应链项目运营

学习目标

知识目标：

1. 认识供应链的概念及特征
2. 了解供应链的结构模型
3. 掌握供应链运营、供应链管理的相关理论知识

技能目标:

1. 能够运用所学知识对供应链管理状况进行分析

2. 能够结合企业具体情况提出供应链管理的一些措施

3. 能够运用供应链管理相关理论分析实际问题

素养目标:

1. 了解供应链上的企业之间需要相互信任和信息共享，才能形成强大的竞争优势

2. 具备迎接挑战和与人合作的素质

基础知识

一、供应链的概念

根据国家标准《物流术语》 （GB/T 18354—2021）中的定义，供应链（supply chain）是生产及流通过程中，围绕核心企业的核心产品或服务，由所涉及的原材料供应商、制造商、分销商、零售商直到最终用户等形成的网链结构。从图1-1供应链的结构模型中可以看出，供应链是网链结构的，由围绕核心企业周围的供应商及供应商的供应商，用户及用户的用户共同组成。它围绕着核心企业，把供应商、制造商、分销商、零售商及终端客户联系在一起，形成一个整体，控制物流、资金流、商流和信息流，把原材料制作成中间产品和最终产品，最终把产品通过销售网络送达消费者。那么什么是物流、资金流、信息流和商流呢？

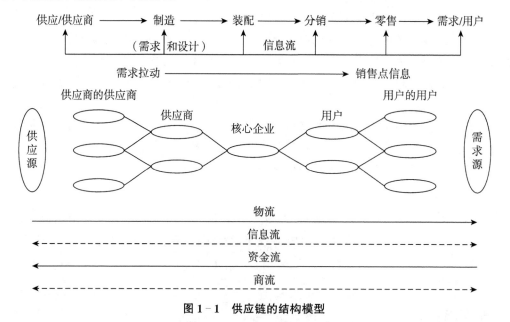

图1-1 供应链的结构模型

1. 信息流

信息流是指供应链上的信息流动。它包含了供需和管理信息，是一种虚拟形态。信息流会随着物流运作而不断地产生。因此，有效的供应链管理在于对信息流的管理，其主要作用是在供应链中及时传递需求信息和供给信息，为供应链成员提供准确的管理信

息，让他们获得实时信息，制订统一的计划并执行，从而更好地为最终客户服务。

2. 物流

为满足客户需要，以最低的成本，通过仓储、运输、配送等方式将原材料、成品、半成品及相关信息从原产地送到消费地，这期间所进行的计划、管理和实施的全过程称为物流。

3. 资金流

资金流指的是供应链各成员在日常的业务活动中发生的资金往来。

4. 商流

商流是接受订货、签订合同等的商业流程。该流程是在供货商与消费者之间双向流动的。

二、供应链的特征

供应链的特征如表 1-1 所示。

表 1-1　　　　　　　　　　　　　供应链的特征

特征	具体内容
复杂性	通常由多个多类型企业构成，因此供应链结构模式复杂程度超过一般企业结构模式
动态性	由于企业战略以及市场需求的变化，需要各节点企业进行动态的更新，故使供应链呈现动态性
面向客户需求	供应链会随市场需求的变化发生重构等一系列活动，且在供应链运作的过程中，用户需求成为供应链信息流、物流、资金流运作的驱动源
交叉性	节点企业可以同时是两个及以上供应链的成员，而这些供应链所形成的交叉结构，使得协调管理更加重要
层次性	各企业在供应链中的地位及作用都不相同，使得供应链具有层次性

三、供应链的结构模型

我们需要了解和掌握供应链的结构模型，才能对供应链的设计进行有效的指导。下面主要从企业间关系的角度了解这几种供应链的结构模型。

1. 供应链的静态链状结构模型（模型Ⅰ）

供应链的静态链状结构模型（见图 1-2）清楚地表明产品最初的来源是自然界，最终去向是用户。产品因用户需求而产生，最终被用户消费。如图 1-2 所示，产品从自然界到用户的过程中经历了供应商、制造商到分销商的传递，传递过程中产品完成转换过程，包括加工、装配等。被消费掉的产品最终仍回到自然界，完成物质循环的过程。

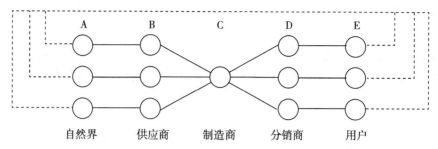

图 1-2　供应链的静态链状结构模型

2. 供应链的动态链状结构模型（模型Ⅱ）

供应链的动态链状结构模型如图 1-3 所示，它是对模型Ⅰ的进一步抽象，把商家都抽象成一个个的点，称为节点。在模型Ⅱ中，若假定 C 为制造商，则 B 为供应商，D 为分销商；同样，若假定 B 为制造商，则 A 为供应商，C 为分销商。模型Ⅱ着力于供应链中间过程的研究，产品的最初来源（自然界）、最终去向（用户）以及产品的物质循环过程都被隐含或抽象化了。

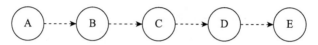

图 1-3　供应链的动态链状结构模型

一般供应链是从供应商到制造商，再向分销商流动。特殊情况，例如产品退货，不是本书所定义的产品，因此不予考虑。我们用物流的方向定义供应链的方向，以此来确定供应商、制造商和分销商的顺序关系。以供应链的动态链状结构模型中箭头的方向表示物流方向。在供应链的动态链状结构模型中，C 被我们定义为制造商，相应地可以把 B 认为是一级供应商，A 认为是二级供应商，同样还可以用这样的方式定义三级、四级供应商；同理，可以把 D 认为是一级分销商，E 认为是二级分销商，并以同样的方式定义三级、四级分销商。一般来讲，尽可能地考虑多级别的供应商或分销商，有利于从整体上了解供应链的运行状态。

3. 供应链的网状模型（模型Ⅲ）

现实情况很可能不像供应链的动态链状结构模型那样，每个制造商只对应一家供应商，而可能是供应商有 A_1，A_2，…，A_n 等 n 家，同时分销商也可能有 M_1，M_2，M_3，…，M_m 等 m 家。除此之外，用户也可能是 E_1，E_2，…，E_k 等 k 家，在这种情况下，供应链的动态链状结构模型就演变成更能展示现实之中复杂产品的供应链的网状模型（见图 1-4）。理论上，世界上所有的厂家都在供应链的网状模型的范围内，每个厂家都可以被当成一个节点，并可以认为这些节点之间是存在联系的。当然，联系在不断变化着，有强有弱。供应链的网状模型对供应关系具有很强的描述性，有利于把握宏观的供应关系。

（1）出点、入点

物流是从一个节点流向另一个节点的有向流动，入点即物流进入的节点，出点即物流流出的节点。物流的出点和入点如图 1-5 所示。

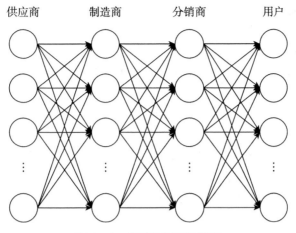

图 1-4 供应链的网状模型

（2）子网

有些规模大、内部结构复杂的大型厂家，往往只是其中一个部门与其他厂家进行联系，并且企业内部也存在复杂的供应关系，这样复杂的关系，显然不能只用一个节点表示，这时就需要子网。子网如图 1-6 所示。

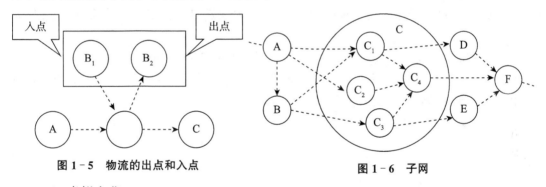

图 1-5 物流的出点和入点   图 1-6 子网

（3）虚拟企业

虚拟企业就是把供应链网上那些为了完成共同目标，实现各自利益，通力合作的企业，看作一个企业。虚拟企业如图 1-7 所示。

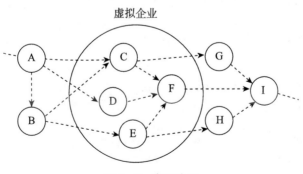

图 1-7 虚拟企业

四、供应链管理概述

供应链管理是指在保证一定的客户服务水平的前提下，为了使成本达到最小，把供应商、渠道商、制造商、仓库、分销商和配送中心等有效组织在一起，进行产品的生产、运输及销售。

实际上，供应链活动究竟包括哪些内容呢？我们可以借助供应链运作参考（Supply Chain Operations Reference，SCOR）模型解答这一问题。SCOR 模型是由国际供应链理事会支持开发的一个框架模型，为描述供应链管理的关系、流程和指标提供标准的描述语言。图 1-8 为 SCOR 模型。

从 SCOR 模型中可以看出，供应链管理涉及计划、采购、生产、配送、退货五大领域。

①计划活动。计划活动追求的是资源和需求的平衡，并且就计划与各参与方进行沟通。

②采购活动。采购活动主要包括供应商的开发、选择，合同签订和产品或服务的交付等。

③生产活动。生产活动涉及产品或服务的实际制造或生产。

④配送活动。配送活动主要包括客户订单和配送日期的确认、产品的存储和运输等。

⑤退货活动。退货活动涉及退回多余的、有缺陷的产品或物料。

由图 1-8 可以看出，供应链管理任务涉及供应商、供应商的供应商以及客户、客户的客户。可见协调这些企业和客户的活动极具挑战。

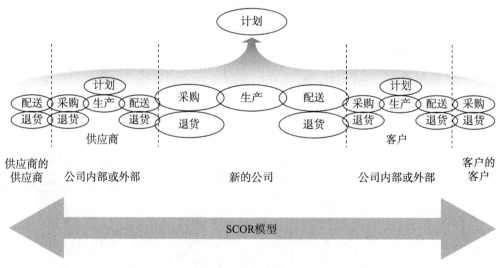

图 1-8　SCOR 模型

五、供应链管理的方法

1. 快速反应

快速反应可以简称为"QR",这种供应链管理方法是从美国纺织服装业发展起来的。快速反应是指物流企业在面对品种多、批量小的买方市场时,不是储备"产品",而是准备"要素",当用户提出需求时,快速抽取"要素","组装"成所需提供的服务或产品。

2. 有效客户反应

(1)定义

有效客户反应简称为"ECR",是兴起于美国食品杂货行业的一种供应链管理方法。有效客户反应通常应用于由生产商、批发商和零售商等成员组成的供应链中,目的是使供应链各方相互合作,协调管理,形成具有更好的管理、更快的反应速度和更低的成本来满足消费者需要的供应链管理解决方案。有效客户反应是一种能及时地做出准确反应,提供最佳的物品供应或者服务流程的管理战略。

(2)ECR 和 QR 的差异

ECR 和 QR 的差异如表 1-2 所示。

表 1-2　　　　　　　　　　　ECR 和 QR 的差异

差异	QR	ECR
侧重点不同	QR 侧重缩短交货提前期,快速响应客户需求	ECR 侧重于减少、消除供应链的浪费,提高运行的有效性
管理方法不同	QR 主要通过信息技术手段,实现快速补发,同时通过开发联合产品,缩短产品上市时间	ECR 除了快速有效引入新产品外,还实行商品有效管理
适用的行业不同	QR 适用于季节性强、单位价值高、购买频率低、可替代性差的行业	ECR 适用于产品库存周转率高、单位价值低、可替代性强、购买频率高、毛利低的行业
改革的重点不同	加快订货和补货的速度,以最大程度消除缺货,同时只有在商品有需求时才去采购	ECR 改革的重点是成本和效率

3. 协同计划、预测和补货方法(CPFR)

(1)产生背景

CFAR(Collaborative Forecast And Replenishment)是利用互联网,通过零售企业与生产企业的合作,共同做出商品预测,并在此基础上实行连续补货的系统。CPFR(Collaborative Planning, Forecasting and Replenishment)是在 CFAR 共同预测和补货的基础上,进一步推动共同计划的制订,即不仅合作企业进行共同预测和补货,同时将原来属于各企业内部事务的计划工作(如生产计划、库存计划、配送计划、销售规划等）也由供应链各企业共同参与。

（2）定义

CPFR 即协同计划、预测和补货方法。CPFR 是一种协同式的供应链库存管理技术，它能降低销售商的库存量，增加供应商的销售量。CPFR 的最大优势是能及时、准确地预测由各项促销措施或异常变化带来的销售高峰和波动，从而使销售商和供应商都能做好充分的准备，赢得主动。CPFR 采取了双赢的原则，始终从全局出发，制定统一的管理目标及实施方案，以库存管理为核心，兼顾供应链上其他方面的管理。因此，CPFR 能在合作伙伴之间实现更深入的合作。

（3）特点

CPFR 的特点如表 1-3 所示。

表 1-3　　　　　　　　　　　　　　CPFR 的特点

特点	具体内容
协同	CPFR 要求双方长期承诺公开沟通、信息分享，从而确立协同性的经营战略。 协同的第一步是保密协议的签署、纠纷机制的建立、供应链计分卡的确立及共同激励目标的形成。在确立协同性目标时，不仅要建立双方的效益目标，更要确立协同的盈利目标，只有这样，才能使协同性体现在流程控制和价值创造的基础之上
计划	CPFR 要求有合作规划（品类、品牌、分类、关键品种等）及合作财务（销售量、订单满足率、定价、库存、安全库存、毛利等）。此外，为了实现共同的目标还需要双方协同制订促销计划、库存政策变动计划、产品导入和中止计划及仓储分类计划
预测	CPFR 强调买卖双方必须做出最终的协同预测
补货	销售预测必须利用时间序列预测和需求规划系统转化为订单预测，并且供应方约束条件都需要供应链双方加以协调解决。协同运输计划被认为是补货的主要因素

4. 企业资源计划

（1）定义

ERP 是英文 Enterprise Resource Planning（企业资源计划）的简写，是指建立在信息技术基础上，以系统化的管理思想，为企业决策层及员工提供决策运行手段的管理平台。

（2）核心

企业资源计划的核心管理思想就是实现对整个供应链的有效管理，主要体现在以下三个方面。

①对整个供应链资源进行管理的思想。在知识经济时代，仅靠本企业的资源已不足以在市场竞争中取得优势地位，还必须把经营过程中的有关各方如供应商、制造商、分销商、客户等纳入一个紧密的供应链中，才能有效地安排企业的产、供、销活动，满足企业利用全社会市场资源快速高效进行生产经营的需求，以期进一步提高效率和在市场上获得竞争优势。换句话说，现代企业竞争不是单一企业与单一企业间的竞争，而是一个企业供应链与另一个企业供应链之间的竞争。ERP 实现了对整个企业供应链的管理，适应了企业在知识经济时代市场竞争的需要。

②精益生产、并行工程和敏捷制造的思想。企业资源计划支持对混合型生产方式的

管理，其管理思想表现在两个方面。其一是"精益生产"（Lean Production，LP）思想，它是由麻省理工学院（MIT）提出的一种企业经营战略体系，即企业按大批量生产方式组织生产时，把客户、销售代理商、供应商、协作单位纳入生产体系，企业同其销售代理商、客户和供应商的关系，已不再是简单的业务往来关系，而是利益共享的合作伙伴关系，这种合作伙伴关系组成了一个企业的供应链，这就是精益生产的核心思想。其二是"敏捷制造"（Agile Manufacturing，AM）思想。当市场发生变化，企业遇有特定的市场和产品需求时，企业的基本合作伙伴不一定能满足新产品开发生产的要求，这时，企业会组织一个由特定的供应商和销售渠道组成的短期或一次性供应链，形成"虚拟工厂"，把供应商和协作单位看成是企业的一个组成部分，运用"并行工程"（Concurrent Engineering，CE）组织生产，用最短的时间将新产品打入市场，时刻保持产品的高质量、多样化和灵活性，这就是"敏捷制造"的核心思想。

③集成管理思想。如果企业资源计划能够将客户关系管理（Customer Relationship Management，CRM）软件、供应链管理（Supply Chain Management，SCM）软件集成起来，则构成了企业电子商务的完整解决方案。企业资源计划将企业业务明确划分为由多个业务结点联结而成的业务流程，通过各个业务结点明晰了各自的权责范畴，而各个结点之间的无缝联结，实现了信息的充分共享及业务的流程化运转。所以说，企业实施ERP的根本目的不在于引进一套现代化信息系统，更重要的是运用ERP对企业的业务进行重新梳理与优化，实现生产经营的精细化与集约化，进而使成本降低、生产周期缩短、响应客户需求的时间更快，从而为客户提供更好的服务。

（3）特点

ERP的特点如表1-4所示。

表1-4　　　　　　　　　　　　　　　ERP的特点

特点	具体内容
实用性	ERP在实际应用中更重要的是体现"管理工具"的本质。ERP的主要宗旨是对企业所拥有的人、财、物、信息、时间和空间等综合资源进行综合平衡和优化管理，协调企业各管理部门，围绕市场导向开展业务活动，提高企业的核心竞争力，从而取得最好的经济效益。所以，ERP首先是一个软件，同时是一个管理工具。ERP是互联网技术与管理思想的融合体，也就是先进的管理思想借助计算机，来达成企业的管理目标
整合性	ERP最大特色便是对整个企业信息系统的整合，比传统单一的系统更具功能性
弹性	采用模块化的设计方式，使ERP本身可因企业需要新增模块用来支持并整合，提升企业的应变能力
数据储存	将原先分散于企业各角落的数据整合起来，使数据得以统一，并提升其精确性
便利性	在整合的环境下，通过ERP可在企业任何地方取得与应用企业内部所产生的信息
提升管理绩效	ERP使部分横向的联系有效且紧密，提升了管理绩效

续表

特点	具体内容
增加互动	通过 ERP 在线试用，了解小企业管理模式，使企业与原材料供货商之间紧密结合，增加其市场变动的能力
实时性	ERP 在实现整个企业信息的整合管理过程中，重在整体性，而整体性的关键体现在"实时动态的管理"上，所谓"兵马未动，粮草先行"，强调的就是不同部门的"实时动态配合"，现实工作中的管理问题，也是部门协调与岗位配合的问题，因此缺乏实时动态的管理手段和管理能力的 ERP 管理就是空谈
及时性	ERP 管理的关键是"现实工作信息化"，即把现实中的工作内容与工作方式，用信息化的手段来表现，因为人的精力和能力是有限的，现实工作达到一定的繁杂程度后，人在所难免会出错，将工作内容与工作方式信息化，形成 ERP 管理的信息化体系，才能拥有可靠的信息化管理工具

六、供应链运营的概念

供应链运营实质上是一种基于竞争—合作—协调的运营机制，是一种新的企业运作模式，以分布企业集成和分布作业协调为保证。

七、供应链运营的驱动要素

供应链运营的驱动要素包括库存、运输、设施、信息等。

1. 库存

库存指供应链中的所有原材料、流程中的成品和半成品。库存遍及供应链，先后为供应商、制造商、批发商和零售商所持有。库存会影响物流的周转时间和产品的销售速度。

2. 运输

运输指把供应链中一处的库存产品转移到另一处的过程。运输方式的选择不仅影响供应链的反应能力、盈利水平，还影响供应链的设施布局和库存水平。

3. 设施

设施指供应链中存储、制造或装配物资的地方。设施的选址、功能及其弹性决策会影响供应链的盈利水平和反应能力。

4. 信息

信息指整条供应链中有关顾客及库存、运输、设施的相关资料。信息能对供应链的每个部分产生影响，它联系着供应链的各个阶段，使每个阶段相互协调，对整条供应链最大化获取利润具有重要作用，而且在供应链各阶段的日常运营中也起到非常重要的作用。

八、供应链运营的方式

1. 推动式供应链

推动式供应链（Push Supply Chain）以产品为中心，其推动原点是制造商。推动式供应链力图通过提升生产率、减少单件产品成本的方式来获得利润。推动式供应链如图1-9所示。

图1-9　推动式供应链

（1）推动式供应链的运营特点

推动式供应链的运营特点主要表现在以下3个方面。

①制造商依据制造资源计划、企业资源计划从供应商处购买原材料，生产产品，并将生产的产品通过各种销售渠道（如分销商、批发商、零售商）推送至客户端。

②对整条供应链起主导作用的是制造商，而其他环节，如流通领域的企业，则处于被动的地位。

③由于制造商处于供应链上远离客户的一端，对于客户需求的了解远不如流通领域的零售商、分销商。在此供应链上，企业与企业之间的集成度比较低，且反应速度较慢，处在对客户需求缺乏了解的情况下，往往生产出的产品无法匹配和满足客户的需求。

（2）牛鞭效应

由于无法掌握供应链的下游，特别是那些终端客户的需求，即使下游发生微小的需求变化，待反映到上游时，这种变化将会被逐级放大，这种现象就是牛鞭效应。实际客户需求表现出平稳上升趋势的时候，供应链的各节点却对客户需求做出不同的预测，订货及生产计划也因此剧烈波动。这时，为了应对这种牛鞭效应，响应下游的需求，特别是终端客户需求的变化，制造商不得不在供应链各个节点上都提高安全库存量，储备较多的库存以应对需求的变动。

2. 拉动式供应链

拉动式供应链（Pull Supply Chain）以客户为中心，通过对客户实际需求的预测，来拉动产品的生产。拉动式供应链如图1-10所示。

图1-10　拉动式供应链

（1）拉动式供应链的运营特点

拉动式供应链的运营特点主要表现在以下方面。

①整条供应链能更快跟踪，甚至超前于市场和客户需求，以此提高供应链上产品和资金的流通速度，降低成本，减少流通中的浪费，提升市场适应能力。特别是对于下游流通和零售行业，要求供应链上成员间要有更强的协同、信息共享、适应和响应能力。

②虽然拉动式供应链的整体绩效出色，但对供应链上企业的信息化和管理程度的要求较高，对整条供应链的协同运营和集成的技术与基础设施的要求也比较高。

（2）拉动式供应链的运营效果

①面向订单的生产运营可以明显地减少库存积压。

②依据客户需求提供定制化的生产和服务，以此满足客户的特殊配置和个性化的需求，提升资金周转速度。拉动式供应链明显比推动式供应链运营效果更优，但拉动式供应链对供应链管理能力具有较高的要求，故拉动式供应链的实施和运营都相对较难。

3. 推动式供应链和拉动式供应链共存的方式

由于推动式供应链和拉动式供应链的运营方式各有优劣，因此，在一条供应链的内部，企业无须拘泥于某一种供应链运营方式，可以根据供应链运营流程，采取推动式供应链和拉动式供应链共存的运营方式。这种推、拉共存的运营方式对于制定供应链设计战略决策十分有用。

第二节 项目管理与供应链运营结合

学习目标

知识目标：

1. 认识项目管理

2. 了解项目管理的定义

3. 掌握项目管理在供应链运营中的应用

技能目标：

能够在供应链中运用项目管理

素养目标：

培养学生的项目运营意识和全局意识，形成系统的思维方式

本节导入

A公司是一家矿泉水制造企业，拟承接一个矿泉水定制项目。项目部专员小王参与立项会议，了解了项目情况，他应深入了解项目管理的定义并掌握项目管理在供应链中的运用。

基础知识

一、项目管理的定义

项目管理是在特定的组织环境和一定的约束条件下，以最优实现项目目标为目的，按照其内在的逻辑规律对项目进行有效的计划、组织、协调、指挥和控制的系统管理活动。这些活动通常是为了有效管理目标，使各个部门明确工作而制定的一整套原则、方法、辅助手段和技巧。

二、项目管理在供应链中的运用

供应链运营工作是一个涉及多部门、多环节的工作，有时要求以项目形式进行。项目管理在供应链中的运用如图 1-11 所示。

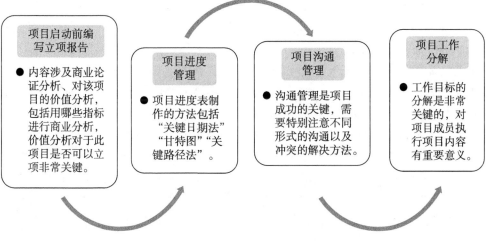

图 1-11　项目管理在供应链中的运用

案例参考

项目管理与供应链运营结合参考案例

B 软件大数据 AI 算法在供应链运营中的创新应用

素养园地

供应链能力带领 G 公司突破新冠疫情重围

G 公司发布的 2020 年业绩报告显示，2020 年 G 公司零售实现销售额 441.2 亿元，商品交易总额（Gross Merchandise Volume，GMV）达到 1126.3 亿元，另外，现金及现金等价物同比增加 17.2%，手握现金流近 100 亿元。新型冠状病毒感染期间，实体零售、旅游、航空等众多行业遭受重创，推动着行业的洗牌，存活下来的企业往往是具有很强的线上零售能力的企业。而 G 公司在新型冠状病毒感染期间仍然保持良好的业绩，从侧面验证了 G 公司强大的线上业务能力。这些都是 G 公司与时俱进、扎实和精进供应链能力的体现。2021 年 G 公司大胆创新，构建以线上平台为主，线上线下双平台＋自营/第三方外部供应链的"社交＋商务＋分享"的 G 公司生态圈，线上的"真快乐"App 定位是"线上购物广场＋本地生活服务"，主打全服务、全品类、全量存货单位（Stock Keeping Unit，SKU）；线下平台以城市为单位，建设网络化门店，强调场景感与体验感。新推出的"真快乐"App 凭借着真选、低价、拓品等一系列动作，依托娱乐化、社交化的产品运营模式，一路高速增长。到 2021 年 3 月底，"真快乐"App 获得了 GMV 同比增长近 4 倍，月活（Monthly Active User，MAU）规模在 4000 万，活动的单日日活近千万的好成绩，成为近年来电商界一个现象级的创新平台。G 公司在新冠疫情的残酷环境下，在激烈的市场竞争中杀出重围，重塑内部生态，潇洒转型创新，主要得益于 34 年行业深耕积累的强大供应链引擎支撑力。同时，也正是供应链能力的强大和弹性，"真快乐"App 才能够大胆创新、赢得年轻一代消费者的认可，拼出"G 公司速度"。供应链能力才是 G 公司的真正王牌，是 G 公司的制胜法宝。

第二章　供应链项目承接

📖 **本章导入**

C公司与A公司签订了长期的合作协议，由A公司为其长期供应矿泉水。A公司收到订单后召开项目部会议，布置供应链项目工作任务。

📖 **本章任务**

项目部会议最终就本次矿泉水定制项目提出如下任务。

任务1为矿泉水定制项目立项。

任务2了解公司供应链项目建设情况。

第一节　供应链项目规划立项

📖 **学习目标**

知识目标：

了解项目规划立项核心工作

技能目标：

1. 能够掌握项目模式验证的方法

2. 能够掌握供应链项目立项的步骤

素养目标：

1. 培养学生的项目运营意识

2. 培养学生全局意识，形成系统的思维方式

📖 **本节导入**

A公司项目部专员小王参与立项会议，了解了项目情况。根据A公司的制度和流程要求，小王需要对矿泉水定制项目发起立项申请。那么，小王应该怎样完成项目立项事宜？具体有哪些步骤呢？

基础知识

任何一个项目的启动都意味着时间、成本、人力等多方面的投入，项目的启动一定具备项目背景和战略意义，这个战略往往从一个念头开始，就像一粒种子，慢慢生根发芽，最终破土而出，形成项目，然后成立项目组，在这个过程中，会经历项目构思、模式验证、项目立项、计划分工和项目启动5个环节。项目规划流程如图2-1所示。

图2-1 项目规划流程

一、项目构思（见图2-2）

图2-2 项目构思

项目在立项前，一般会有一个构思期，项目构思分为主动构思和被动构思，主动构思源于老板的一个想法、企业内部孵化的金点子、业务扩展的需要、公司新的战略方向等。如因为业务的增长，原先的物流中心产能不足，所以相关人员考虑再建一个物流中心，这便是一个主动构思。被动构思源于其他方面的推动、不得不做的项目，如国家要求药品企业必须上传电子监管码，如图2-3所示。电子监管码是药品的唯一溯源条码，所以A公司考虑增加一套支持条码采集和上传的软件系统和硬件设备。

图2-3 电子监管码

项目构思阶段参与人主要是企业高层管理人员、业务负责人，由他们产出一个尚未确定的想法。

二、模式验证

项目构思后，若想项目落地，还需要进行细化，如通过头脑风暴、专家讨论等方式把各方面因素罗列出来，形成完整的方案，然后进行模式验证，根据验证的结论决策项目是否需要进一步实施。模式验证的方法包括德尔菲法、数据建模法、MVP实验法、A/B测试法，如图2-4所示。

·德尔菲法

·数据建模法

·MVP实验法

·A/B测试法

图 2 - 4　模式验证的方法

①德尔菲法：汇总公司内外部专家的意见进行综合评估分析，得出一致结论。

②数据建模法：通过历史数据构建数据模型，对新的项目构思进行验证，以判断方案是否可行。例如，A公司想在东北地区新建一个物流中心，但通过历史数据建模分析后发现，东北地区的交易订单量和交易总额并不足以支撑新的物流中心，于是放弃了此项目。

③MVP实验法：MVP（Minimum Viable Product，最小可行产品），以最低的成本启动项目，验证核心价值，确保方向正确，通过验证后再投入产品研发。例如，A公司想尝试线下新零售业务，担心前期投入过大无法回本，便在线下租赁一个小门面，通过手工加Excel管理的方式开展线下业务，经过一段时间的运行后，通过数据分析发现线下销售效果良好，于是正式启动新零售项目。

④A/B测试法：当有多种方案而无法决策时，如果投入成本不高，可以同时针对不同的场景分配不同的方案进行试验，再基于运行结果进行分析决策。例如，A公司一直使用S物流公司，最近想控制成本，将其换成J物流公司，但又担心更换以后影响时效和口碑，于是使用A/B测试法，随机将订单分配给两个物流公司进行测试，经过一个月的数据对比，发现相差并不大，于是将物流服务提供商换成J物流公司。

模式验证阶段的参与人员一般是业务发起方的模式验证成员，由他们产出验证方案和验证结果。

三、项目立项

（1）项目立项的定义

项目立项指成立项目，执行实施。项目立项通过项目实施组织决策者申请。

项目立项可分为鼓励类、许可类、限制类，分别对应的报批程序为备案制、核准制、审批制，如图2-5所示。报批程序结束即为项目立项完成。

（2）项目立项的方法

模式验证通过以后，需要编制立项报告，由项目实施人员发起申请，高层管理人员基于验证结果同意实施项目，接着项目就正式立项了。项目立项就代表项目正式成立了，由高层管理人员和项目负责人召集初始核心项目成员召开立项会，在立项会上应明确如下事宜。

①明确项目负责人，并指定项目经理协助项目负责人统筹项目，项目负责人负责方案落地，项目经理负责项目管理。采购类项目一般由采购部门的相关人员负责，物流类项目一般由物流部门的相关人员负责。

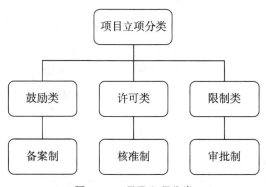

图 2－5　项目立项分类

②确认项目范围。由项目负责人传达项目的背景，明确项目的范围和期望达到的目标，以及项目的成本预算、项目的周期等，这是项目经理管控项目的依据。

③确定项目组的核心成员。根据项目涉及的相关职责方确定责任部门和责任人，他们将作为项目组的核心成员推动项目落地。

四、计划分工

项目立项以后，项目负责人需要对项目范围进一步拆解，出具整体项目方案，明确需要参与项目的各个部门及其职责，并与各责任方逐一确认。随后，项目经理会基于项目方案召集各责任方继续拆解各自的工作职责和计划，最后形成一份完整的项目里程碑计划，因为需求尚不明确，该计划只需要梳理出各方的里程碑节点即可。

五、项目启动

所有准备工作完成以后，还需要一场具有仪式感的项目启动会，就像行军前的誓师大会一样。项目启动会能增强所有项目组成员的参与感，并使其理解项目的背景、意义和目标。

项目启动会由项目经理组织全体项目组成员召开，会议内容如下。

①宣布项目启动，明确项目名称及代号。一个好的项目代号能够让人耳目一新，如果项目代号能与项目背景结合起来，可能会成为经典，如 211（京东物流配送履约代号）、亚洲一号（京东全自动化物流中心）、青龙（配送项目代号）、沧海（仓储开放系统代号）、天衣（两个公司的系统融合项目）、魔方（配置后台代号）、钢铁侠（智能仓储物流中心代号）等。

②明确项目背景、项目意义和战略目标。由业务负责人（最好是高层管理人员）进行整体介绍，明确项目背景、项目意义和战略目标，并对项目组成员提出期望，给予鼓励。

③介绍项目范围及里程碑计划。由项目经理介绍各方确认后的项目范围及项目的里程碑计划，让各方知晓关键工作和关键节点，并将项目的里程碑计划进一步拆分。例如，软件设计需要拆解到需求分析、系统设计、开发完成、联调及测试等各个阶段的开始和完成日期及责任人。

④介绍项目各方向负责人、项目成员及其联系方式。同步每个方向的项目成员信息，方便项目成员之间的沟通。

⑤建立项目管理机制。项目经理强调项目纪律、项目要求、沟通汇报方式、需求变更要求等。例如，建立项目组微信群；每天下午开会汇报项目进度及风险；如需请假，需报项目经理审批并做好交接；需求变更需同步大群等。

项目启动以后，项目经理便成了项目的主心骨，带领项目成员按照既定目标前行。项目规划立项核心工作如表2-1所示。

表 2-1　　　　　　　　　　　项目规划立项核心工作

项目环节	核心工作	参与人	产出
项目构思	项目构思	高层管理人员、业务负责人	尚未确定的想法
模式验证	验证项目构思是否可执行	模式验证成员	验证方案和验证结果
项目立项	项目正式成立，召开立项会	高层管理人员、项目负责人、项目经理	确认项目范围、项目负责人、项目经理
计划分工	将项目范围拆解到责任方，各方产出里程碑计划	项目负责人、项目经理、项目各方负责人	项目里程碑计划
项目启动	召开项目启动会，宣布项目正式启动	项目组全体成员	项目代号、项目目标、项目范围及里程碑计划、项目管理机制

案例参考

项目立项参考案例

某公司供应链项目立项制度

任务实施

A公司已具备管控系统平台，小王就本次矿泉水定制项目，根据A公司制度要求，在公司系统平台上发起项目立项申请，并通过上级领导的审批，完成项目立项。项目立项的步骤如图2-6所示。

图 2-6 项目立项的步骤

步骤一：了解项目背景信息

小王需了解本次项目的背景信息，包括项目名称、客户名称、项目内容、项目金额等。

步骤二：计算项目成本与利润

明确需要投入的资源，以及需要投入的阶段。明确资源的来源，计算项目成本与利润，将项目背景、预计成本、项目毛利率填报至公司管控系统平台，并上传项目材料及合同。项目基本信息如图 2-7 所示。

图 2-7 项目基本信息

步骤三：制定项目解决方案

分析存在哪些问题与痛点，找出解决方案，明确要达到的目标。

步骤四：列出时间节点

列出此次项目的各个阶段及时间节点。

步骤五：组建项目组织

确定项目的组织架构，确认需要协同的部门及关键项目人员。

步骤六：分析风险

对风险进行分析，并制定应对措施。

步骤七：申请项目立项

根据上述步骤所了解的内容，填写立项申请，请上级领导审批。新增项目立项申请如图 2-8 所示。

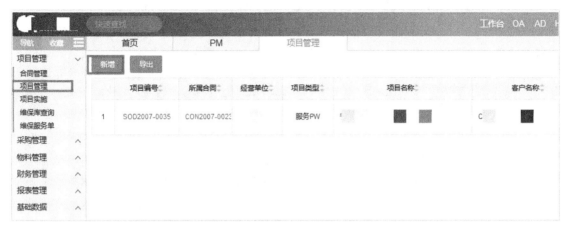

图 2-8 新增项目立项申请

步骤八：项目报批完成

提交的申请通过审批后，即完成立项。项目立项审核界面如图 2-9 所示。

图 2-9 项目立项审核界面

 素养园地

R 供应链主导 IEEE 国际标准再获立项，引领行业新一轮变革

科技创新，标准先行。为填补智能工厂辅助仓库相关标准空白，R 供应链牵头于 IEEE（美国电气电子工程师学会）计算机协会智能制造标准委员会（IEEE Computer Society Smart Manufacturing Standards Committee，以下简称 IEEE/C/SM SC）发起《智能工厂辅助仓库通用技术要求标准》立项申请。该项目授权请求（PAR）文件（Project Number：P3145）于 2022 年 2 月 23 日正式通过 IEEE 标准协会标准委员会（IEEE SASB）立项评审。这是 R 供应链在智能制造领域主导制定的第二项国际标准，

再次引领行业新一轮的变革。

随着工业 4.0 的深入发展,智能工厂已成为全球制造企业发展的重要趋势,而厂内辅助仓库作为工厂运作流程中的重要一环,也将随着工厂的智能化改造发生改变。但当前行业标准侧重于智能工厂建设,国际上对于智能工厂辅助仓库的通用技术规范仍存在较大空白,一定程度上制约着智能工厂的运营效率,影响传统产业数字化转型布局及终端场景服务体验。

基于此,R 供应链联合天津大学、海尔衣联网(天津)智慧生态研究院等单位发起《智能工厂辅助仓库通用技术要求标准》。该标准将填补智能工厂辅助仓库通用技术标准的空白,让辅助仓库设计和建造有规可依,有章可循,实现行业规范化、科学化、系统化,推动行业快速健康发展。这也是 R 供应链继 2020 年牵头立项 IEEE《智能工厂中的物流运作流程标准》之后,在智能制造物流标准化方面再度引领行业,彰显出其布局供应链管理的综合实力。

推动标准制定,引领行业发展,掌握国际标准制定主动权和话语权。如今,R 供应链的标准成果已从团体标准、行业标准向国家标准和国际标准逐步提升,促进标准化与各类流通新业态深度融合,全面推动行业发展步入快车道。未来,R 供应链将继续以科技创新点燃智能制造发展新引擎,通过优质生态资源聚合、颠覆传统的物流模式,跑出高质量发展"加速度"。

第二节　如何组建项目型供应链组织

学习目标

知识目标:

认识项目型供应链组织

技能目标:

能够掌握项目型供应链组织的作用

素养目标:

1. 培养学生的项目运营意识

2. 培养学生全局意识,形成系统的思维方式

本节导入

A 公司是一家矿泉水制造企业,为提高项目效率,A 公司想要组建项目型供应链组织,由 A 公司负责矿泉水的研发、生产、制造,将物流全境服务外包给 B 公司进行运营管理,由 B 公司统一提供运输、配送服务。作为项目管理人员,小王需对 B 公司进行调研,了解 B 公司组织建设、供应链物流平台建设情况等,那么,B 公司的组织建设和信息化建设情况是怎样的呢?

✎ **基础知识** ✦

一、项目型供应链组织

1. 项目型组织

项目型组织是指以完成项目为导向，通过实现战略目标提升自身价值的组织。它从整个项目的整体利益考虑，期望项目内各组织成员之间相互协作，在共同价值愿景统领下进行知识与经验的纵横方向整合共享，发挥链条或链主协同效应，提高项目管理水平。

2. 项目型供应链组织

项目型供应链组织强调以项目创新为核心，是具有异质且互补性知识资源的供应链上下游企业为实现共同目标而组成的具有特定功能的跨组织结构模式。

它强调供应链企业整合跨组织的互补性资源，与其他组织合作开发项目，基于项目的协同创新，通过项目的生产与价值实现来完成共同目标，以达到自身的战略目标，实现企业的创新发展。

二、建设项目型供应链组织的作用

1. 目标明确及统一指挥

项目型供应链组织是基于某项目而组建的，圆满完成项目任务是项目型供应链组织的首要目标，而每个项目成员的责任及目标也是通过对项目总目标的分解而获得的。项目成员只受项目经理领导，不会出现多头领导的现象。

2. 有利于项目控制

由于项目型供应链组织按项目划分资源，项目经理在项目范围内具有绝对的控制权，尽管项目经理必须向企业的高层管理人员报告，但项目经理享有最大限度的自主决策权。因此，从项目角度讲，有利于项目进度、成本、质量等方面的控制与协调，可以统一协调各组织的管理工作。

3. 有利于沟通协调

项目从职能部门中分离出来，使沟通途径更加简捷。而且项目经理可以对客户的需求和企业高层的意图做出快速的响应，而不像职能型组织形式或矩阵型组织形式那样，项目经理要通过职能经理协调才能达到对项目的控制作用。

4. 组织结构简单、易操作

各项目组独立核算，能充分发挥他们的积极性、主动性和创造性，同时各项目组之间的竞争有利于提高整个企业的效率。

5. 有利于全面型人才的成长

项目实施涉及计划、组织、用人、指挥与控制等多种职能，一方面，项目型供应链组织形式提供了全面型管理人才的成长之路，从小型项目经理，到大中型项目经理，再成长为项目群经理，直至最后成长为企业的主管。另一方面，一个项目中拥有不同才能的人员，人员之间的相互交流学习也为员工的能力提升提供了良好的场所。

案例参考

供应链项目建设参考案例1

某流通服务平台仓库信息化建设

供应链项目建设参考案例2

物联网技术

任务实施

接到项目后小王对 B 公司展开调研。通过上网收集资料、与 B 公司相关负责人沟通及现场考察，小王了解到 B 公司供应链项目建设包括以下内容。

①构建一个管理平台：仓库管理系统（WMS）；

②建立三个作业单元：全国网仓、干线运输、终端配送；

③设立合理的组织架构：营销中心、采购中心、展示中心、配送中心；

④建立一套安全管理体系：各项行车运输、仓库管理制度、安防体系。

1. 仓库管理系统

仓库管理系统可以实现准确定位货架、效期产品管理（按生产日期先进先出）、实时报表数据同步至系统、人员统一操作和无纸化作业管理。B 公司仓库管理系统如图 2-10 所示。

2. 一体化物流体系

B 公司构建了"全国仓网＋干线运输＋终端配送"的一体化物流体系，自建仓储基地，同时整合社会仓储资源，配备专业设施，使用标准化作业流程。B 公司仓库如图 2-11 所示。

图 2 - 10　B 公司仓库管理系统

图 2 - 11　B 公司仓库

3. 合理的组织架构

B 公司物流平台配备了项目人员组织，专门负责 A 公司项目物流服务。B 公司项目人员的组织架构如图 2 - 12 所示。

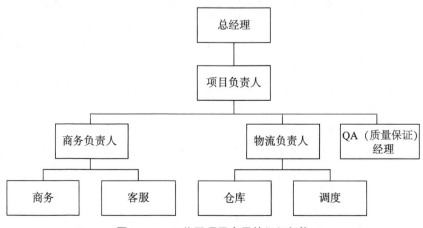

图 2 - 12　B 公司项目人员的组织架构

4. 安全管理体系

B 公司对于人员的管理是非常严格规范的，制定了一整套安全管理体系，并对仓库安保进行监控，确保安全管理。

经过以上调研，小王对 B 公司的供应链建设情况有所了解，为后期的合作奠定了基础。

 素养园地

贯彻"十四五"战略规划，某物流供应链公司举行项目制立项仪式

为深入贯彻"十四五"战略规划，全面激发某物流供应链大连大区内生动力，加快推动项目制，2022 年 5 月 20 日，某物流供应链公司举行首批项目制立项仪式。

大连大区领导提出四点希望和要求：

一是大连大区各职能部门、能力中心要充分理解项目制的内涵，全力以赴精准赋能各项目组，最大限度保障各项目进展顺利。

二是各位项目组成员要兼顾好项目与部门工作，处理好两者关系。同时要加强项目组的能力建设，特别是风险防控、安全分析等方面，要充分做好相关工作。

三是在项目运作过程中，要利用好项目制，着力挖掘和培养各类专业人才，从而促进和提升项目整体运作水平，达到更好的效果。

四是通过"项目党建"试点工程，建设项目组党员先锋队，在项目制建设中实行"四同步"，全面构建"四建三办"机制，把党组织建在项目上，助力"项目制"加速跑。

大连大区领导做总结讲话：

第一，本次大连大区十五个项目的确立是基于目前各城市公司自身业务现状与实际，有针对性地向全程供应链综合物流服务商转型的一种思考、探索与实践。

第二，确立项目名称、项目目标、项目计划容易，但达成项目效果却不容易。要不畏艰难、敢于拼搏、积极创新，确保项目实施效果，全力推动大连大区向全程供应链综合物流服务商转型，实现大连大区高质量跨越式发展。

第三，项目制实施动态管理，成熟一个发展一个，希望各单位、各部门结合自身情况积极思考，不断探索。

第四，要加强协同，有许多项目是需要跨城市、跨单元之间的协同。这就要求大家一切以有利于项目发展为目标，破除本位主义，不断加强单位和部门之间的协同，并在项目实施过程中及时反馈发现的问题。

第五，各职能部门、能力中心要精准赋能各个项目，分管领导要亲自督办，确保项目按计划推进。

第三章　供应链项目运营管理

 **本章导入**

A 公司项目部将收到的矿泉水生产任务下发至生产部：定制 1000 箱（1 箱 24 瓶）矿泉水，每瓶矿泉水为 500mL，生产部收到的矿泉水生产物料清单如表 3-1 所示。

表 3-1　　　　　　　　　矿泉水生产物料清单

名称	单位体积（m^3）	物料清单（个）
瓶盖	0.00005	24000
商标	0.0000022	24000
瓶坯	0.00032	24000
包装箱	0.005555556	1000

由于 A 公司将仓储管理外包给 B 公司，需由 B 公司仓储部门负责矿泉水的接收入库、对当前库存进行分析和矿泉水的出库管理。

A 公司生产部根据生产计划安排将原材料采购需求（见表 3-2）发送给生产部门，由生产部门采购本次矿泉水项目的原材料。

表 3-2　　　　　　　　　原材料采购需求

原材料	单位体积（m^3）	采购需求（个）
瓶盖	0.00005	20000
商标	0.0000022	20000
瓶坯	0.00032	20000
包装箱	0.005555556	817

A 公司备货完成后，仓储部门收到指示，将 1000 箱矿泉水从厦门送到上海。

无风控不金融，供应链金融是供应链型企业最核心的业务，金融风控就是这皇冠上的明珠，无论以大数据、区块链、云计算为赋能，还是以传统线下评估为基础，风控始终是诸多创新业务中的核心点。因此，作为供应链型企业，A 公司十分重视供应链金融的管理。为此，A 公司成立了风控部，专门负责对公司项目供应链金融风险的管理。

 **本章任务**

A 公司生产部就本次矿泉水定制项目给生产专员小张下达如下任务。

任务1制订生产计划。

任务2拟定生产控制流程。

B公司仓储部就本次矿泉水定制项目要求仓储专员小钱完成如下任务。

任务1库存分析。

任务2仓储作业管理。

A公司采购部就本次矿泉水定制项目要求采购专员小周完成如下任务。

任务1选择供应商。

任务2制订项目采购计划。

任务3采购订单的处理与跟进。

B公司仓储部就本次矿泉水定制项目给仓储专员小吴下达如下任务。

任务1制订运输配送计划。

任务2控制运输配送成本。

A公司根据供应链金融风险对风控部专员小孙下达如下任务。

任务1评估供应链项目金融风险。

任务2应对供应链项目金融风险所采取的策略。

第一节　供应链环境下如何制订生产计划并进行生产控制

学习目标

知识目标：

1. 认识供应链环境下生产计划、生产控制

2. 掌握生产计划的方法、流程

3. 掌握生产控制的方法、流程

技能目标：

1. 能够编制生产计划及生产控制计划

2. 能够运用生产计划和生产控制计划控制生产作业

素养目标：

1. 培养学生统筹规划意识

2. 培养学生精益求精的工匠精神

任务 1　供应链环境下的生产计划

任务导入

生产部小张收到矿泉水生产物料清单，本项目需要生产矿泉水 1000 箱，为了强化生产过程管理，提高生产效率，生产部小张需要根据项目需求制订生产计划。

那么，小张应该怎样制订生产计划，应该如何安排物料订购和生产呢？

基础知识

一、供应链环境下生产计划的新要求（见图 3-1）

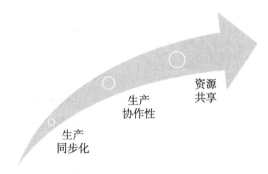

图 3-1　供应链环境下生产计划的新要求

1. 生产同步化

顾客的需求是不断变化的，这就要求生产商必须具备处理不确定因素带来的生产计划变动的能力。生产商在产品制作加工过程中实行同步运作，企业要想实现敏捷管理，就必须实施同步化供应链计划。

2. 生产协作性

在供应链管理中，生产是网络化、多企业同时进行的，这个过程需要企业协作生产，通过生产信息的跟踪反馈，保证供应链能够同步化进行。供应链上游企业通过了解下游企业的生产进度情况来完成准时供应，同时供应链下游企业通过了解上游企业的生产进度，适当调节生产计划，使供应链上的各个环节紧密衔接在一起。

3. 资源共享

在供应链管理中，合作双方需自愿共享资源与信息，建立一个完善的信息管理系统，实现信息共享。在上下游企业间形成稳定的供应关系后，上游企业从自身利益出发，要协助下游企业完成生产，互相分享资源。

二、三种主要的生产计划

1. 综合计划（年度计划、年度生产大纲）

综合计划（年度计划、年度生产大纲）以产品系列为单位，确定未来较长一段时间内的产出内容和产出量。

2. 主生产计划（MPS）

主生产计划（MPS）要确定各个具体产品型号的生产时间和数量。

3. 物料需求计划（MRP）

物料需求计划（MRP）要确定原材料和零部件的需要量、需要时间以及采购生产的提前期。

三、供应链环境下生产计划的编制方法（见图3-2）

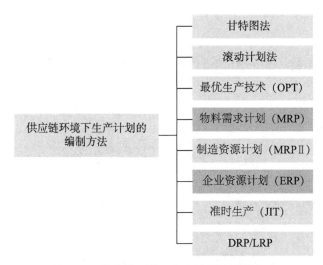

图3-2　供应链环境下生产计划的编制方法

1. 甘特图法

作为作业排序过程中使用最多的一种工具，甘特图是由亨利·劳伦斯·甘特提出的。甘特图法以作业排序为目的，也是最早把时间和活动联系在一起的尝试之一，一般来说，其基本的形式有机器图及作业进度图。

2. 滚动计划法

滚动计划法属于动态编制方法中的一种，在对计划进行编制或者调整的时候，一般都会按照时间顺序把计划往前推进一个计划期，这也被称为向前滚动一次。该方法主要的编制方法是：以已有的计划作为编制的基础，经过一个固定的时期之后，就根据环境条件的变化以及计划执行的情况对原计划进行调整，在调整过程中，应注意的是原计划期限是不变的，只是把计划期往前推进了1个滚动期而已。

3. 最优生产技术（OPT）

最优生产技术（Optimized Production Technology，OPT）属于计划与调度工具中的一种。在这一技术中，最基本的思想是通过对生产现场中瓶颈现象、批量、装夹时间、优先级、随机因素产生的影响等进行分析，达到改善现场管理的作用，最终实现减少库存、增加产量、降低消耗的目的。一般来说，编制的方法分为两个层次，最先开始的是对生产计划中的关键件进行编制，在关键件生产进度确定之后，则对非关键件的生产计划进行编制。

4. 物料需求计划（MRP）

物料需求计划（Material Requirement Planning，MRP）是一种以产品为导向、建立在计算机基础上的库存计划与控制方法，其目标是达到库存最小化并能维持交货进度。它根据市场营销或销售部门提供的预测及其他输入信息，将最终产品所需原料和部件的相关要求与时间联系起来。

5. 制造资源计划（MRPⅡ）

制造资源计划（Manufacturing Resource Planning，MRPⅡ）是对制造业企业的生产资源进行有效计划的一整套生产经营管理计划体系，是一种计划主导型的管理模式。MRPⅡ是闭环MRP的直接延伸和扩充，是在全面继承MRP和闭环MRP基础上，把企业宏观决策的经营规划、销售/分销、采购、制造、财务、成本、模拟功能和适应国际化业务需要的多语言、多币制、多税务以及计算机辅助设计（CAD）技术接口等功能纳入，形成的一个全面生产管理集成化系统。

6. 企业资源计划（ERP）

企业资源计划（Enterprise Resource Planning，ERP）在20世纪90年代由美国加特纳集团提出。ERP可以看成一个面向供应链管理的管理信息基层，它关注的重点是供应链的整体管理。在ERP中，会把供应商、用户、制造商以及协作厂家乃至竞争对手等整合在一起，这使得各节点业务流程集成得更紧密。

7. 准时生产（JIT）

准时生产（Just In Time，JIT）方式又称无库存生产方式、零库存、一个流或者超级市场生产方式，是日本丰田汽车公司在20世纪60年代实行的一种生产方式，1973年以后，这种生产方式对丰田公司渡过第一次能源危机起到了重要的作用，后引起其他国家生产企业的重视，并逐渐在欧洲和美国的日资企业及本土企业中推行开来。现在这一生产方式与源自日本的其他生产、流通方式一起称为"日本化模式"。

在准时生产中，最核心的思想是在需要的时候、按需要的量、生产所需的产品。

8. DRP/LRP

配送需求计划（Distribution requirement planning，DRP）是一种既保证有效地满足市场需要，又使得物质资源配置费用最少的计划方法，是MRP原理与方法在物品配送中的运用。它是流通领域中的一种物流技术，是MRP在流通领域应用的直接结果。它主要解决分销物资的供应计划和调度问题，达到既有效地满足市场需要又使得配置费用最低的目的。

物流资源计划（Logistics Resource Planning，LRP）实质是把物料需求计划和配送需求计划结合起来应用，在生产厂系统内部实行MRP，在生产厂外部实行DRP，它最显著的特点是在计划时考虑了物流的因素，把物流作为联系二者的纽带。因此它是一种能联系产、供、销三方，既适时适量地保障相互之间的物资供应又使总费用最低的物流资源计划方法。

四、MRP 生产计划的编制方法

1. 独立需求和相关需求

独立需求：某种物品的需求与企业内其他物品的需求不相关时，则对这种物品的需求称为独立需求。独立需求物品的需求数量是不确定的，并且需求可能随时发生，因此必须经常保持库存。

相关需求：当某种物品的需求与企业内其他物品的需求相关时，则对这种物品的需求称为相关需求。相关需求物品的需求数量无须预测，只要确定了某项物品的需求就可准确地计算出来。

2. 提前期

提前期是指企业生产活动开始到结束所花费的时间。

3. MRP 的基本任务

MRP 的基本任务是编制零件的采购计划和生产计划。

（1）从最终产品的生产计划（独立需求）导出相关物料（原材料、零部件等）的需求量和需求时间（相关需求）；

（2）根据物料需求时间和生产（订货）周期确定其开始生产（订货）的时间。

4. MRP 的基本原理

MRP 的基本原理是由主生产计划（MPS）和主产品的层次结构逐层逐个地求出所有零部件的出产时间、出产数量。MRP 的基本逻辑如图 3－3 所示。

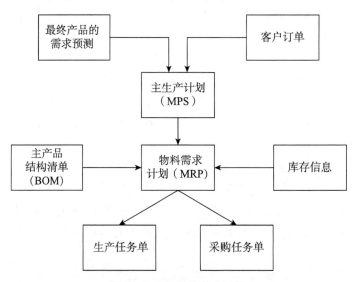

图 3－3　MRP 的基本逻辑

（1）主生产计划是确定每个具体的最终产品在每个具体时间段内生产数量的计划，是展开物料需求计划的主要依据。

（2）主产品结构清单（BOM）准确、详细地表述了总需求和为生产最终产品所需的原材料、配件的总量，还列出了产品生产的顺序及各种零部件。

（3）库存信息是保存企业所有产品、零部件、在制品、原材料等库存状态的数据，包括现有库存量、计划收到量（进货在途量）、已分配量、提前期。根据以上信息，可以计算出某项物料各个时段的库存量、净需求量和计划交付量。

5.MRP 的实施步骤

步骤一：确定 0 层次产品的总需求。

步骤二：减去现有存货和将要到达的订货，找出对 0 层次产品的净需求，从满足这些净需求开始安排生产。

步骤三：转入下一层次。利用物料清单将上一层次的净需求转化为对本层次部件的总需求。

步骤四：轮换处理各种物料，减去现有库存和已安排的运输，找出物料需求量；利用提前期和其他相关信息找出这些订单的规模和时间，如果有更多物料层次，回到步骤三。

步骤五：完成时间表，并进行具体调整。

五、运用 ERP 编制生产计划的方法

生产计划的编制必须考虑企业不同的生产特征。根据市场需求，企业的生产方式主要有四种：备货生产（MTS）、订货生产（MTO）、订货组装（ATO）、定制生产（ETO）。其中，备货生产、订货生产是最基本的生产方式，而订货组装、定制生产则是前两种基本生产方式的组合和混合。

备货生产，又称库存生产或现货生产，是指产品的生产计划主要根据预测制订，在接到用户订单之前已经生产产品，比如我们常见的电视机、香皂、药品、烟酒、数码相机等基本上都是采用备货生产方式。

订货生产，又称订单生产，是指产品的生产计划主要根据用户的订单制订，一般在接到用户的订单后才开始生产产品。订货生产的最终对象是最终产品，比如飞机、大型邮轮、城市雕塑等。

订货组装，又称订单装配或装配生产，是指根据 MTS 方式先生产和储存定型的零部件，在接到订单后再根据订单要求装配成各种产品，以缩短产品的交货期，增强市场竞争力。这种生产方式适用于订货组装的产品，如精密机床、计算机等。

定制生产，又称工程生产或专项生产，是指在接到客户订单后，按客户订单的要求进行专门设计并组织生产。整个过程的管理是按工程管理的方法进行的，其计划的对象是最终产品。

1. 备货生产（MTS）环境下的生产计划编制方法

备货生产环境下编制生产计划的目标是使生产满足预测需求量，保持一定的库存量及平稳的生产率，以此来确定月生产量和年生产量。其具体编制步骤如下：

（1）把预测分布到计划展望期上。

（2）计算期初库存（期初库存＝当前库存水平－拖欠订单量）。

（3）计算库存水平变化（库存水平变化＝目标库存－期初库存）。

（4）计算总生产量（总生产量＝预测数量＋库存改变量）。

（5）把总生产需求量按时间段分配在整个计划展望期内，分配时通常要求按均衡生产率原则。

2. 订货生产（MTO）环境下生产计划的编制方法

订货生产环境下，编制生产计划大纲的目标是使生产满足预测需求量和拖欠订货量。其具体编制步骤如下：

（1）把预测分布到展望期上。

（2）把未完成的订单分布到计划展望期上。

（3）计算拖欠量变化（拖欠量变化＝期末拖欠量－期初拖欠量）。

（4）计算总产量（总产量＝预测量－拖欠量变化）。

（5）把总产量和预计未完成的订单按时间段分布在整个展望期上，分配时通常要求按均衡生产率的原则，且月生产量应保证满足月末完成订单数量。

📖 案例参考

制订生产计划参考案例

M 公司生产计划管理

📖 任务实施

步骤一：了解订单及库存信息

采购部小周根据公司规定制订物料需求计划。A 公司利用买进的部件组装矿泉水，部件有：标签、包装箱、瓶坯、瓶盖。购买原材料的提前期分别为 2 周、2 周、3 周、3 周，组装矿泉水的提前期为 1 周。公司收到的订单要求在第 5 周、第 7 周分别送 12000 瓶矿泉水，公司的存货有 2000 瓶矿泉水、2000 个瓶盖、2000 个瓶坯、2000 个标签、100 个包装箱。

步骤二：了解生产工序

生产部小张对公司的生产线做了分析，得出矿泉水的生产线如图 3-4 所示。

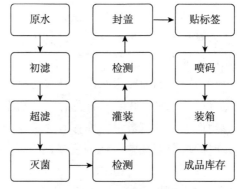

图 3-4 矿泉水的生产线

同时，小张了解到公司的矿泉水产能是 140 箱/小时，一天能生产 3360 箱，一周即可完成矿泉水生产任务。

步骤三：整理出物料清单

根据对生产工序的了解，小张得出一箱矿泉水有 24 瓶，每瓶 500 mL，一瓶矿泉水产品结构包括原水 500 mL、瓶盖 1 个、瓶坯 1 个、标签 1 个、包装箱，原水由 A 公司自取，瓶盖、瓶坯、标签、包装箱需要订购，根据产品结构小张得出矿泉水物料清单如图 3-5 所示。

图 3-5　矿泉水物料清单

订单对于矿泉水的需求是独立需求（0 层次需求），由此派生出的对矿泉水瓶坯、瓶盖、标签和包装箱的需求是 1 层次需求。

步骤四：MRP 实施

根据 MRP 实施步骤，小张制作了表 3-3。

表 3-3　　　　　　　　　　　　矿泉水 MRP 实施

层次 0：矿泉水（瓶）							
周次	第 1 周	第 2 周	第 3 周	第 4 周	第 5 周	第 6 周	第 7 周
总需求					12000		12000
存货	2000	2000	2000	2000	2000		
净需求					10000		12000
矿泉水生产（从原水一装箱）				10000		12000	
计划完工					10000		12000
层次 1：瓶坯（个）							
周次	第 1 周	第 2 周	第 3 周	第 4 周	第 5 周	第 6 周	第 7 周
总需求				10000		12000	
存货	2000	2000	2000	2000			
净需求				8000		12000	
下订单	8000		12000				
订单到达				8000		12000	

续表

层次 1：瓶盖（个）

周次	第1周	第2周	第3周	第4周	第5周	第6周	第7周
总需求				10000		12000	
存货	2000	2000	2000	2000			
净需求				8000		12000	
下订单	8000		12000				
订单到达				8000		12000	

层次 1：标签（个）

周次	第1周	第2周	第3周	第4周	第5周	第6周	第7周
总需求				10000		12000	
存货	2000	2000	2000	2000			
净需求				8000		12000	
下订单		8000	12000				
订单到达				8000		12000	

层次 1：包装箱（个）

周次	第1周	第2周	第3周	第4周	第5周	第6周	第7周
总需求				417		500	
存货	100	100	100	100			
净需求				317		500	
下订单		317	500				
订单到达				317		500	

由此可以得出以下结论：

第1周订购8000个瓶盖和8000个瓶坯，第2周订购8000个标签和317个包装箱。第3周订购12000个瓶盖和12000个瓶坯，第4周订购12000个标签和500个包装箱，并开始生产10000瓶矿泉水，第6周开始生产12000瓶矿泉水。

 素养园地

紧抓数字时代机遇　维护产业链供应链安全稳定

维护全球产业链供应链韧性和稳定是推动世界经济发展的重要保障，符合世界各国人民共同利益。2022年在浙江杭州举办的"产业链供应链韧性与稳定国际论坛"上，习近平同志在贺信中深刻阐述了维护全球产业链供应链韧性、稳定的重大意义，提出把握新一轮科技革命和产业变革新机遇，共同构筑安全稳定、畅通高效、开放包容、互利

共赢的全球产业链供应链体系，为畅通世界经济运行脉络、推动世界经济复苏指明了方向。

推动数字技术应用，构筑安全稳定的产业链供应链。数字技术的广泛应用能够更好地维护产业链供应链的安全与稳定。5G、人工智能、大数据等新一代信息通信技术的广泛应用，推动了供应链服务的快速定制和全程可视化，基于大数据分析的灵活响应，深化了跨区域大范围的协作。

实时的数字化技术在供应链中的应用，有助于供应链客户和分销商有效应对波动。加快推进数字化建设，是全球产业链供应链发展的根本途径。只有在无限连接的过程中，全球供应链才能真正融合起来。同时，数字化还因"数据共生"的特性，可以真正使全球产业链相互依赖、相互依存、协同创新。

要发挥企业数字化先行军作用，促进产业链供应链畅通高效。全球产业链供应链的形成和发展是市场规律和企业选择共同作用的结果。企业不仅是维护全球产业链供应链畅通高效运行的主体，更是社会数字化进程中的先行军。

我国拥有全世界最广泛、最完整的产业链和供应链布局，同时也是全球产业链供应链大融合、大协同的参与者、推动者。展望未来，应抓住数字经济发展机遇，持续深化数字技术创新合作，与国际社会一道，打造安全稳定、畅通高效、开放包容、互利共赢的产业链供应链，为世界经济复苏贡献力量。

任务2 供应链环境下的生产控制

任务导入

为方便后续工作，生产部小张需要熟悉供应链生产控制的流程，并根据生产控制的流程把控生产过程。

那么，应根据什么流程进行生产控制呢？

基础知识

一、供应链环境下生产控制的概念

生产控制是指为保证生产计划目标的实现，按照生产计划的要求，对企业生产活动全过程的检查、监督、分析偏差和合理调节的系列活动。

生产控制有广义和狭义之分。广义的生产控制是指从生产准备开始到进行生产，直至成品出产入库的全过程的全面控制。它包括计划安排、生产进度控制及调度、库存控制、质量控制、成本控制等内容。狭义的生产控制主要指的是对生产活动中生产进度的控制，又称生产作业控制。生产控制的内容很广泛，涉及生产过程的人、财、物各个方面。

二、供应链环境下的生产控制

1. 生产进度控制

生产进度控制的目的在于保证产品能准时装配出厂，它依据生产作业计划，检查零部件的投入和出产数量、出产时间和配套性，以便达成最终的出厂目标。由于供应链环境下的生产进度控制与传统生产模式下的进度控制不同，企业必须建立一种有效的跟踪机制进行生产进度信息的跟踪和反馈。事实上，许多产品是协作生产和转包的，这与传统的企业内部进度控制存在很大的差异，控制难度也更大。由此可见，生产进度控制在供应链管理中十分重要，因此，必须建立完善供应链企业之间的信息跟踪机制和快速反应机制。

2. 供应链的生产节奏控制

供应链的生产节奏控制是指生产的上一道程序刚实施完毕，下一道程序就进入准备阶段，这使得生产过程更加流畅。供应链中任何一个企业不能及时交货，都会对供应链的整个环节产生不利的影响。

3. 提前期管理

提前期是指从企业生产活动开始到结束所花费的时间。供应链环境下的生产控制需要实施提前期管理，以此快速响应用户的需求。缩短提前期，可以保证供应链获得柔性和敏捷性的优势，却不能对供应商的不确定性进行有效的控制。因此，建立有效的供应商提前期管理模式和交货期的设置系统势在必行。

4. 库存控制和在制品管理

库存在应对需求不确定性时具有积极的作用，但过多的库存又造成资源的浪费。在供应链管理模式下，实施多种库存策略，可以提高库存管理水平、降低生产成本。运用多种库存策略，使得管理的范围明显扩大，因为它不仅针对企业内部，还涉及整条链上的企业。因此，建立供应链环境下的库存控制体系和运作模式对提高供应链库存管理水平具有重要的作用。

三、供应链环境下生产控制的方法

互联网+时代，生产控制已经扩展到事前控制层面。以前，企业一般采用事后控制的方法进行生产控制。随着企业管理水平的提高，出现了事中控制和事前控制的方法。事后控制、事中控制都是针对生产过程中出现的问题进行的一种调整，事前控制则是对可能发生的问题提前采取措施的一种方法。这三种控制方法的应用对象如图3-6所示。

1. 事后控制

生产控制的事后控制方式是指根据当期生产结果与计划目标的分析比较，提出控制措施，在下一轮生产活动中实施控制的方式。它是利用反馈信息实施控制，控制的重点是今后的生产活动。其控制思想是总结过去的经验与教训，把今后的生产活动做得更好。

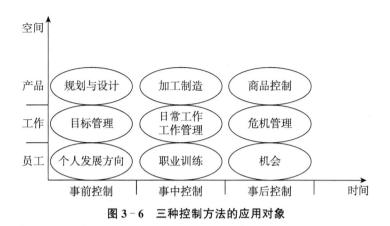

图 3-6　三种控制方法的应用对象

这种方式在我国企业中使用广泛，如在质量控制与成本控制中随处可见。特别是成本控制，大量沿用这种方式。事后控制的优点是方法简便，控制活动量小，控制费用低。但其缺点也很明显，不良结果一旦发生，损失已经造成，无法挽回。该方式的要点包括以下几个方面：

（1）以计划执行后的信息为主要依据；

（2）要有完整的统计资料；

（3）要分析内外部环境的干扰因素；

（4）计划执行情况分析要客观，控制措施要可行，确保下一轮计划执行的质量。

2. 事中控制

生产控制的事中控制是一种对进行中的生产系统做日常性控制的控制方式。事中控制是利用反馈信息实施控制。通过作业核算和现场观测获取信息，及时把输出量与控制目标进行比较分析，做出纠正偏差的控制措施，不断消除由干扰产生的不良后果，确保计划目标的实现。

事中控制活动是经常性的，每时每刻都在进行。显然，它的控制重点是当前的生产过程，要把生产活动置于严密的控制之中，保证计划的顺利执行。事中控制可以避免完不成计划的损失，但是频繁的控制活动本身也需要付出代价。该方式的要点包括以下几个方面：

（1）以计划执行过程中获取的信息为依据；

（2）要有完整、准确的统计资料和完备的现场活动信息；

（3）要有高效的信息处理系统；

（4）决策迅速，保证及时控制。

3. 事前控制

生产控制中的事前控制是在生产活动之前进行调节控制的一种控制方式。事前控制方式是利用前馈信息实施控制，重点放在事前的计划与决策上，即在生产活动开始以前根据对影响系统行为的扰动因素的预测，制订控制方案。这种控制方式是十分有效的。例如，在产品设计和工艺设计阶段，对影响质量或成本的因素做出充分的估计，采取必要的措施，可以控制质量或成本要素的 60%。该方式的要点包括以下几个方面：

（1）将对干扰因素的预测作为控制的依据；

（2）对生产系统的未来行为做出充分的认识；

（3）依据前馈信息制订计划和控制方案。

四、供应链环境下生产控制的流程（见图 3-7）

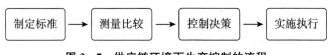

图 3-7　供应链环境下生产控制的流程

1. 制定标准

制定标准就是对生产过程中的人力、物力和财力以及产品质量特性、生产数量、生产进度规定一个数量界限。它可以用实物数量表示，也可以用货币数量表示，包括各项生产计划指标、各种消耗定额、产品质量指标、库存标准、费用支出限额等。控制标准要求合理可行。制定标准的方法如图 3-8 所示。

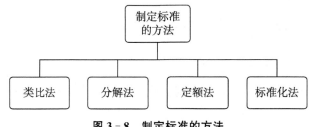

图 3-8　制定标准的方法

（1）类比法

参照本企业的历史水平制定标准，也可以参照同行业的先进水平制定标准。这种方法简单易行，标准也比较客观。

（2）分解法

把企业层的指标按部门和按产品层层分解为一个个小指标，以此作为每个生产单元的控制目标。这种方法在成本控制中起重要作用。

（3）定额法

定额法是为生产过程中某些消耗规定标准，主要包括劳动消耗定额和材料消耗定额。

（4）标准化法

标准化法是将权威机构制定的标准作为自己的控制标准。如国际标准、国家标准、部颁标准和行业标准等。这种方法在质量控制中用得较多。当然，也可以用于制定工作程序或作业标准。

2. 测量比较

测量比较就是以生产统计手段获取系统的输出值，与预定的控制标准做对比分析，发现偏差。偏差有正负之分，正偏差表示目标值大于实际值，负偏差表示实际值大于目标值，正负偏差的控制论意义，视具体的控制对象而定。如对于产量、利润、劳动生产率，正偏差表示没有达标，需要考虑控制。而对于成本、工时消耗等目标，正偏差表示优于控制标准。在实际工作中这些概念是很清楚的，不会混淆。

3. 控制决策

控制决策就是根据产生偏差的原因，提出用于纠正偏差的控制措施。控制决策的步骤如图 3-9 所示。

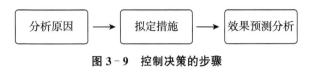

图 3-9 控制决策的步骤

（1）分析原因

有效的控制必定是从失控的最基本原因着手的。有时从表象出发采取的控制措施也能有成效，但它往往以牺牲另一目标为代价。造成某个控制目标失控的原因有时会很多，所以要做客观的、实事求是的分析。

（2）拟定措施

从造成失控的主要原因着手，研究控制措施。传统观点认为控制措施主要是调节输入资源，而实践证明对生产系统而言，这是远远不够的，还要检查计划的合理性，判断组织措施可否改进。总之，要全面考虑各方面的因素，才能找到有效的措施。

（3）效果预测分析

生产系统是一个大系统，不能用试验的方法验证控制措施。为了保证控制的有效性，必须对控制措施做效果分析。有条件的企业可使用计算机进行模拟。条件一般的企业可采用推理的方法，即在观念上分析实施控制措施后可能发生的情况，尽可能使控制措施更加周密。

4. 实施执行

实施执行是控制程序中最后一项工作，由一系列的具体操作组成。控制措施贯彻执行得如何，直接影响控制效果，如果执行不力，则整个控制活动功亏一篑。所以在执行中要有专人负责，及时监督检查。

案例参考

生产控制流程参考案例

SCM 环境下，D 公司的生产计划与控制体系

任务实施

小张通过了解得出，A 公司的生产控制流程如图 3-10 所示。

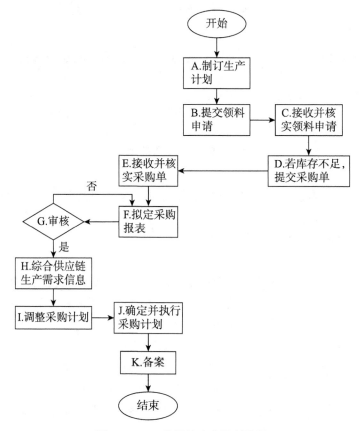

图 3－10　A公司的生产控制流程

生产部小张根据上述流程对A公司的矿泉水生产进行控制。

 **素养园地**

某公司：全供应链精准物资管控助力高质量发展

2022年以来，某公司开发项目部紧密围绕"仓储资源一盘棋、物流配送一张网、实物资源一体化"目标，全过程对物资实施精细管控，持续推进物资供应提档升级。截至2022年9月底，物资采购资金节约率从年初6.3%提升至10.5%，物资计划精准率保持在98%以上，入库验收物资质量合格率和结算及时率均达到100%。

1. 强化源头，编制精准计划

该项目部聚焦精细化管理、降本增效工作要求，严审计划内容、加强编码审核、规范上报流程，加大一物多码、错码、乱码等问题审核管理力度，消减重复、低效、错漏计划。按照按需计划、按需下单、按需生产、按需供应要求，进一步提升需求计划的精准性。

2. 紧抓重点，精益采购管理

该项目部主动做好市场调查和前期准备，在保证产品质量的前提下最大限度地降低物资采购价格，做到谈判定价依法合规、有理有据。以精细化采购方案内容为核心，科学确定评标方法，合理设置评标标准，发挥招标竞争择优作用。

3. 上下联动，精细质量把控

该项目部以持续提升油田电网设备本质安全为目标，健全完善物资质量监管模式，通过对重要物资生产源头进行质量管控、供应商对所供必检物资出具检验报告、现场物资抽检等有力举措，压实"质控精细"责任，实现质量责任归位。明确权利义务，在采购合同中明确质量要求、技术要求，从源头上保证采购质量，充分发挥合同对买卖双方的约束力。

4. 协调跟进，精确供应储备

该项目部按照Z集团"变领料为送料"工作思路，深入推进设备改造、隐患治理等重点工程项目大宗物资"集中采购、直达供应"，消除中间仓储倒运环节，有效节约生产成本，降低运行风险。加强物资库房精准管理，发挥目录化管理优势，确保常用周转物资和应急储备物资账、卡、物、资金"四对口"，通过盘活存量、合理储备、日清月结，使仓储资料管理更加规范，查询更加方便、快捷。按照闲置物资"去存量、控增量"要求，加强废旧物资回收处置、调剂利用，将开源节流、降本增效切实落实到物资管理工作中，合理有效降低费用。

第二节　供应链项目需求预测与库存管理

学习目标

知识目标：

1. 了解供应链环境下的库存问题
2. 掌握库存管理的策略
3. 掌握供应链项目仓储作业流程

技能目标：

1. 能熟练进行货物的入库、在库、出库等作业
2. 能够利用库存管理策略对库存进行有效控制

素养目标：

1. 树立全局意识和团队合作意识
2. 培养学生的成本意识，能够有效降低采购成本

任务 1　如何进行需求预测与分析

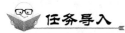任务导入

B供应链公司仓储专员小钱严格按照公司标准、工作流程，并结合实际情况，对库

存进行分析规划。

小钱应该用哪种库存分析策略分析库存？

基础知识

一、库存的概念

根据国家标准《物流术语》（GB/T18354—2021），库存是储存作为今后按预定的目的使用而处于备用或非生产状态的物品。广义的库存还包括处于制造加工状态和运输状态的物品。

从供应链的角度看，库存不但包括在仓库中存储的原材料、零部件、半成品、产成品，而且包括在生产线上处于生产状态的在制品，在码头、车站和机场等物流节点上等待运输的货品以及处于运输过程中的货品等。

从国民经济的角度看，库存主要分布在供给领域，如农、林、牧、渔业的农副产品，采矿业的煤炭、石油、铁矿石等能源商品和基础原材料；生产领域，如制造企业的存货，包括原材料、周转材料、包装物、低值易耗品、自制半成品、成品等；消费领域，如批发零售企业的商品库存。

二、库存的作用

在实际运作中，库存具有以下作用。

1. 维护生产的稳定性

生产和劳动力的稳定性与资本设备的有效使用紧密相关。近年，虽然生产制造技术突飞猛进，对产品需求反应很快。但是，还有许多需要库存的情况。例如，儿童玩具在"六一"儿童节时需求会有大幅提高，为了满足这种需要，玩具厂可以提前生产并将其存储起来。

2. 缓冲供给与需求的缺口

库存管理最根本的目的是保证供给和需求的平衡。在有些情况下企业不需要缓冲，如客户告诉企业他们确切的需求数量；客户能够给企业充足的时间生产产品；供应商能按时、按量交货等。因为在这些情况下企业能够从供应商那里订货并及时运送到客户手中。不过，在大多数情况下企业还是需要库存来缓冲的，如一些企业生产的是季节性产品，但消费者的需求却是全年持续的。还有一些供应是连续的，但需求是不稳定的。这样可能出现由于订购时间太短导致不能及时生产或采购所需的货物。因此，为了满足客户的需要，就产生了缓冲库存。

3. 建立预期库存

预期库存的建立是为了满足计划或期望的需求，最常见的例子是企业的新产品投放市场时，由于产品投放市场需要一定的费用，导致大多数企业不得不建立库存来满足市场对新产品迅猛的需求。因为如果客户需求得不到满足，就会给他们留下不好的印象。

4. 建立投资库存

有些情况下，为了有效地开发市场，企业会限制产品的供应以提高产品的市场价格，这可以通过延缓产品生产和投放市场的周期来实现。另外，为了适应市场条件也会建立一定的库存，如近几年国内市场上某品牌的白酒价格持续上涨，且幅度很大，有些商人就会囤积一些白酒，等待价格上涨再出售。

三、供应链环境下库存管理策略

供应链环境下库存管理策略如图 3–11 所示。

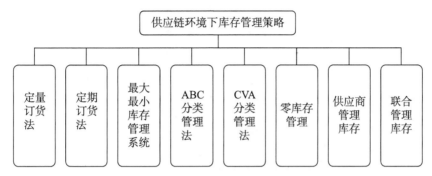

图 3–11　供应链环境下库存管理策略

常见的库存管理策略包括定量订货法、定期订货法、最大最小库存管理系统、ABC 分类管理法、CVA 分类管理法、零库存管理、供应商管理库存、联合管理库存。无论哪一种库存管理策略，其基本的决策变量都是订货点 R、订货批量 Q、订货周期 T 和最大库存 S，决策变量的不同组合，即可产生各种不同的库存控制方法。

1. 定量订货法

（1）定量订货法的原理

定量订货法是指当库存量下降到预定的最低库存数量（订货点）时，按规定数量（一般以经济订货批量为标准）进行订货补充的一种库存管理方式。

（2）订货点的确定

在定量订货法中，当前库存量降低到某个库存水平时就发出订货信息。

订货点如何确定取决于三个因素：①需求速率；②订货提前期；③安全库存。

用公式表示为：订货点＝需求速率×订货提前期＋安全库存。

（3）订货批量的确定

订货批量是一次订货的货物数量。

订货批量取决于需求速率和经营费用。

（4）定量订货法的特点

定量订货法每次的订货量相同，能经常性地掌握库存储备状态，不易出现缺货，便于包装、运输和保管作业。

（5）定量订货法的实施步骤

步骤一：确定订货点和订货批量；

步骤二：库存管理人员或销售人员每天检查库存量；

步骤三：当库存量下降到订货点时，就发出订货通知。

（6）定量订货法的前提条件

①定量订货法只适用于订货不受限制的情况；

②定量订货法的直接运用只适用于单一品种的情况；

③定量订货法不仅适用于确定性需求，也适用于随机性需求；

④定量订货法一般多用于 C 类商品，即品种多而价值低廉的商品。

2. 定期订货法

（1）定期订货法的原理

定期订货法是按预先确定的订货间隔，进行订货补充的一种库存管理方式。

（2）订货周期的确定

订货周期是指两次订货之间的时间间隔，它是定期订货策略中的一个重要参数。订货周期的长短直接影响最高库存量的大小，进而影响库存成本。订货周期的计算公式：

$$T^* = N \cdot EOD / D$$

其中：T^*——订货周期；

$\qquad$ N——一段时期内的总工作日数；

$\qquad$ EOD——每次订货的固定成本；

$\qquad$ D——一段时期内的总需求量。

（3）最高库存量的确定

最高库存量是指在订货周期内，库存量达到的最大值。它包括安全库存、在途库存和已订购但尚未交付的库存。最高库存量的计算公式：

$$Q_{max} = D \ (T^* + T_K) \ / N$$

其中：Q_{max}——最高库存量；

$\qquad$ D——一段时期内的总需求量；

$\qquad$ T^*——订货周期；

$\qquad$ T_K——供应商的交货时间；

$\qquad$ N——一段时期内的总工作日数。

（4）全年总订货成本

$$CT = D \cdot P + C_0 \cdot N/T^* + P \cdot i \cdot EOQ$$

其中：CT——全年总订货成本；

$\qquad$ D——一年的总需求量；

$\qquad$ P——每单位商品的购买价格；

$\qquad$ C_0——每单位商品的年持有成本；

$\qquad$ N——一年的总工作日数；

$\qquad$ T^*——订货周期；

$\qquad$ i——缺货成本与总需求量的比例；

$\qquad$ EOQ——经济订货量。

（5）订货量的确定

定期订货法每次的订货数量不固定，订货批量由实际库存量决定。

（6）定期订货法的特点

定期订货法每次的订购量是不同的，其平均库存量较大，从而避免了在盘点期发生缺货的现象，只在盘点期进行盘点，工作量相对较小。

（7）前提条件

①它的直接应用只适用于单一品种的情况；②它不仅适用于随机型需求，也适用于确定型需求；③它多用于 A 类商品，即品种少而价值高、比较重要的商品。

3. 最大最小库存管理系统

最大最小库存管理系统是上述两种库存管理策略的组合，又称非强制性补充供货系统。这种库存管理系统要求企业确定最大库存量 S、订货点 R 和订货周期 T。企业的库存水平按照订货周期 T 进行检查，若在检查日库存余额高于预设的订货点 R 便不订货，若在检查日库存余额等于或低于订货点 R 便进行订货。订货量等于最高库存水平减去盘存时的实际库存水平。

4. ABC 分类管理法

ABC 分类管理法的理论基础源于 80/20 原则，将库存物料划分为 ABC 三类，其数量比例分别是 15%、30%、55%，而成本比例则为 70%～80%、15%～25% 和 5%。对于 A 类物料，应进行重点管理。对于 B 类物料则应进行次重点管理，库存检查和盘点的周期可以比 A 类物料长一些。而对于 C 类物料进行一般管理即可。库存的 ABC 分类管理法也存在不足，往往忽视了 C 类物料库存水平控制的重要性，而某些看上去并不起眼的物料却可能对生产有着重要的影响。

（1）A 类物料

A 类物料品种少，但占用库存资金多，是企业非常重要的物料，应重点管理，具体可参考以下措施。

① 按照需求小批量、多批次采购入库，最好能做到准时化管理。

② 与供应商建立良好的合作伙伴关系，尽可能缩短订货提前期和交货期，力求供货商供货平稳，减少物料供应变动，保证物料及时供给。

③ 科学设置最低定额、安全库存和订货点（报警点），防止缺货情况的发生。

④ 严格执行物料盘点制度，定期检查，严密监控，尽可能提高库存物料精度。

⑤ 加强物料维护和保管，保证物料的使用质量。

（2）B 类物料

B 类物料的品种和占用库存资金处于 A 类物料与 C 类物料之间，是企业一般重要的物料，可以采取以下常规管理方法。

①按需采购，以不提高库存成本和获得价格优惠为标准。

②选择优质的供货商，保证质量。

③不定期盘点物料，保证库存安全。

④及时采购，避免缺货，加强管理，减少不必要的囤积。

（3）C 类物料

C 类物料品种多，但占用库存资金少，是企业不太重要的物料，可以采取以下粗放管理的方法。

① 大量采购，以获得价格上的优惠。由于消耗金额非常少，即使多储备，也不会提高太多采购成本和库存成本。

② 减少物料的盘点次数，部分数量很大、价值很低的物料不纳入日常盘点范围，但要规定物料最少出库数量，减少物料出库次数。对于积压物品和不能发生作用的物料，应该每周向管理层报告，及时清理。

③ 为避免缺货现象，可以适当增加物料库存数量、减少订货次数、增加订货批量和安全库存量，从而降低订货成本。

（4）实施步骤

ABC 分类管理法策略的实施，应建立在库存物料的各种数据完整、准确的基础上，且需要企业各部门的协调与配合。ABC 分类管理法实施步骤如图 3-12 所示。

图 3-12　ABC 分类管理法实施步骤

步骤一：收集资料。按分析对象和分析内容收集有关资料。对库存物料的平均资金占用额进行分析，了解哪些物料占用资金多，以便实行重点管理。应收集的数据包括每种库存物料的平均库存量、每种物料的单价等。

步骤二：处理数据。对收集来的数据进行整理，按要求计算和汇总。

按供应金额从大到小将卡片进行排序，再用当前累计供应金额除以所有年供应金额之和，得出百分比，填入表 3-4。

表 3-4　　　　　　　　　　　ABC 分类管理法数据处理

品种	年供应金额	累计供应金额	累计供应金额百分比（%）	累计品种百分比（%）
1 号		1 号年供应金额		0.5
2 号		（1+2）号年供应金额		1
3 号		（1+2+3）号年供应金额		1.5
…		…	…	…
200 号		（1+2+…+200）号年供应金额		100

以 3 号物料为例，累计供应金额百分比的计算方法如下：

$$累计供应金额百分比（\%）=\frac{（1+2+3）号年供应金额}{（1+2+3+…+200）号年供应金额}\times100\%$$

步骤三：制作 ABC 分析表。分别按照物品名称、累计品种、累计品种百分比、物品单价、平均库存、平均资金占用额（单价乘以平均库存）、平均资金占用额累计、平均资金占用额累计百分比、分类结果等进行制表分析。

步骤四：绘制 ABC 分类图。以累计品种百分比为横坐标，累计供应金额百分比为纵坐标，按照对应的数据，绘制 ABC 分类图。

步骤五：划分类别。根据 ABC 分析表确定分类。按 ABC 分类管理法，累计供应金额百分比为 0%～60% 的，为最重要的 A 类物料；累计供应金额百分比为 60%～85%

的，为次重要的 B 类物料；累计供应金额百分比为 85%~100% 的，为不重要的 C 类物料。

5.CVA 分类管理法

虽然 CVA 分类管理法也是对物料进行分类管理，但其分类的基础是库存物料的关键性，根据关键性的差异，可将物料分为最高优先级、次高优先级、中等优先级、较低优先级，如图 3 - 13 所示。

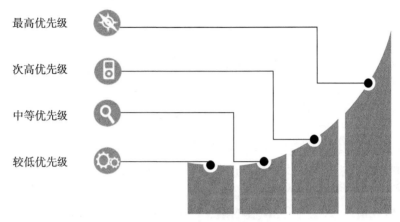

图 3 - 13　CVA 分类管理法

6.零库存管理

零库存是一种特殊的库存概念，是库存管理的理想状态。它并不要求企业中某些物品的储存量绝对为零，而是通过实施特定的库存控制策略，使得物品，包括原材料、半成品和产成品，在采购、生产、销售、配送等一个或几个经营环节中，不以仓储库存的形式存在，而均处于周转的状态，实现供应链节点企业库存量的最优化。

零库存管理的主要运作形式有以下几种：①委托保管方式，是指接受企业的委托，由受托方代存、代管货物，从而使企业不再保有库存，实现零库存。②协作分包式，是制造企业的一种产业结构形式，若干分包企业的准时供应使主企业的供应库存为零。③同步方式、准时制方式，即依靠有效的衔接和计划达到工位之间、供应与生产之间的协调，从而实现零库存。④库存储备，即保持储备，但不采取库存形式。零库存管理的主要运作形式如图 3 - 14 所示。

> ● 委托保管方式
> ● 协作分包式
> ● 同步方式、准时制方式
> ● 库存储备

图 3 - 14　零库存管理的主要运作形式

7.供应商管理库存（VMI）

供应商管理库存（VMI）是指供应商等上游企业基于其下游客户的生产经营、库存信息，对下游客户的库存进行管理与控制。供应商管理库存是由供应商为客户管理库存，并为他们制订库存策略和补货计划。供应商根据客户的销售信息和库存水平为顾客补货，是供应链上成员间达成紧密业务伙伴关系后的一种结果。VMI 是供应链集成管理思想的一种新型库存管理模式，如图 3-15 所示。

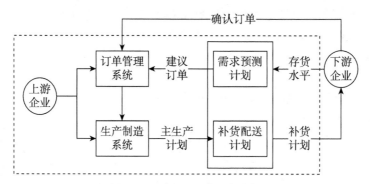

图 3-15 VMI 系统运作流程

供应商管理库存策略的实施方法如下。

供应商和批发商一起确定供应商的订单业务处理过程所需要的信息和库存控制参数，然后建立一种订单处理标准模式。

①建立顾客情报系统。建立顾客的信息库，供应商能够掌握需求变化的有关情况，把由供应商（分销商）进行的需求预测与分析功能集成到供应商的系统中。

②建立销售网络管理系统。供应商要很好地管理库存，必须建立完善的销售网络管理系统，保证自己的产品需求信息和物流畅通。为此，要保证产品条码的可读性和唯一性，必须解决产品分类、编码的标准化问题，必须解决商品存储运输过程中的识别问题。

③建立供应商与分销商（批发商）的合作框架协议。供应商和分销商（批发商）通过协商，确定处理订单的业务流程、控制库存的有关参数（如订货点、最低库存水平等）、库存信息的传递方式等。

④组织机构的变革。引入 VMI 策略后，在订货部门产生了一个新的职位，负责用户库存的控制、库存补给和服务。

8. 联合管理库存（JMI）

（1）联合管理库存的含义

联合管理库存指由供应商和客户联合管理库存。联合管理库存是一种上游和下游企业权利责任平衡和风险共担的库存管理模式，强调供需双方同时参与，共同制订库存计划，是供应链中每个库存管理者都从相互之间的协调性出发，保持供应链相邻各节点需求的确定是供需双方协调的结果。基于协调中心的 JMI 流程如图 3-16 所示。

（2）JMI 的两种模式

①集中库存控制模式。各个供应商的零部件都直接存入核心企业的原材料库中，变各个供应商的分散库存为核心企业的集中库存。在这种模式下，库存管理的重点在于核心企业根据生产的需要，保持合理的库存量，既能满足需要，又要使库存总成本最小。

②无库存模式。供应商和核心企业都不设立库存，核心企业实行无库存的生产方

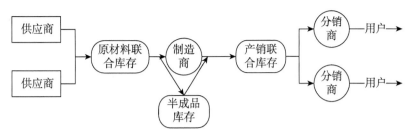

图 3-16　基于协调中心的 JMI 流程

式。此时供应商直接向核心企业的生产线上进行连续、小批量、多频率的物料补充，并与之实行同步生产。

【库存管理中常用的计算公式】

1. 库存周转率基本计算公式

库存周转率的计算公式，实际评价中可用如下公式进行计算：

库存周转率＝（使用数量/库存数量）×100%

使用数量并不等于出库数量，因为出库数量包括一部分备用数量。除此之外也有以金额计算库存周转率的。同样道理使用金额并不等于出库金额。

库存周转率＝（使用金额/库存金额）×100%

规定某个期限研究金额时，需用下列算式：

库存周转率＝（该期间的出库总金额/该期间的平均库存金额）×100%＝该期间出库总金额×2/（期初库存金额＋期末库存金额）×100%。

以月平均库存周转率为例：

原材料库存周转率＝月内出库的原材料总成本/原材料平均库存

在制库存周转率＝月内入库的成品物料成本/平均在制库存

成品库存周转率＝月销售物料成本/成品在库平均库存

2. 仓库资源利用程度基本计算公式

地产利用率＝（仓库建筑面积/地产面积）×100%

仓库面积利用率＝（仓库可利用面积/仓库建筑面积）×100%

仓容利用率＝（库存商品实际数量或容积/仓库应存数量或容积）×100%

有效范围＝（库存量/平均每天需求量）×100%

设备完好率＝（期内设备完好台数/同期设备总数）×100%

设备利用率＝全部设备实际工作时数/设备工作总能力（时数）×100%

3. 服务水平基本计算公式

缺货率＝（缺货次数/顾客订货次数）×100%

顾客满足程度＝（满足顾客要求数量/顾客要求数量）×100%

准时交货率＝（准时交货次数/总交货次数）×100%

货损货差赔偿费率＝（货损货差赔偿费总额/同期业务收入总额）×100%

4. 储存能力与质量基本计算公式

仓库吞吐能力实现率＝（期内实际吞吐量/仓库设计吞吐量）×100％

进、发货准确率＝（出现差错总量/期内吞吐量）×100％

商品缺损率＝（期内商品缺损量/期内商品总数）×100％

案例参考

库存分析参考案例1

供应科长的难题

库存分析参考案例2

VMI 在某公司的应用

任务实施

仓储专员小钱选用了 ABC 分类管理法对库存进行分析，他根据目前库存产品的情况，进行了相关整理。

步骤一：收集资料。

小钱对仓库内 10 种产品进行了盘点，包括各库存品种占用资金的情况，如表 3-5 所示。

表 3-5 产品库存信息

存货编号	库存金额（元）	品种占比	存货编号	库存金额（元）	品种占比
1	120	10％	6	1200	10％
2	160	10％	7	70	10％
3	180	10％	8	50	10％
4	220	10％	9	1000	10％
5	320	10％	10	280	10％

步骤二：根据库存金额从大到小排序（见表3－6）。

表3－6　　　　　　　　　　排序后的产品库存信息

存货编号	库存金额（元）	品种占比（%）
6	1200	10
9	1000	10
5	320	10
10	280	10
4	220	10
3	180	10
2	160	10
1	120	10
7	70	10
8	50	10

步骤三：计算累计库存金额和累计百分比（见表3－7）。

表3－7　　　　　　　　　　累计库存金额和累计百分比

品种	库存金额	累计库存金额（元）	累计库存金额百分比（%）	累计品种百分比（%）
6	1200	1200	33	10
9	1000	2200	61	20
5	320	2520	70	30
10	280	2800	77	40
4	220	3020	84	50
3	180	3200	89	60
2	160	3360	93	70
1	120	3480	97	80
7	70	3550	99	90
8	50	3600	100	100

步骤四：产品库存分类（见表3－8）。

表 3-8 产品库存分类

品种	库存金额	累计库存金额（元）	累计库存金额百分比（%）	累计品种百分比（%）	库存分类
6	1200	1200	33	10	A 类
9	1000	2200	61	20	
5	320	2520	70	30	B 类
10	280	2800	77	40	
4	220	3020	84	50	
3	180	3200	89	60	C 类
2	160	3360	93	70	
1	120	3480	97	80	
7	70	3550	99	90	
8	50	3600	100	100	

步骤五：绘制 ABC 分类管理图

ABC 分类管理图样例如图 3-17 所示。

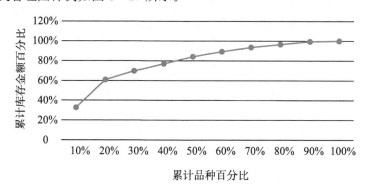

图 3-17 ABC 分类管理图样例

素养园地

上亿国产手机未抓住机遇导致库存堆积

2022 年 10 月 22 日，Canalys（科纳仕）的一份报告引发媒体的广泛报道，全球智能手机销量连续三个季度下滑，同比下降 9%。这个数据其实并不差，因为 2021 年全球智能手机销量达到 13.55 亿台，同比增长了 5.7%，这在一定程度上透支了 2022 年的消费。

但问题在于中国手机品牌的表现不佳，和 2021 年相比，S 手机的市场份额占比小幅提升 1%，P 手机份额占比提升 3%，X 品牌则与上年保持一致，O 品牌和 V 品牌分别下滑 1% 和 2%。这对国内手机产业链上的企业来说，无疑是一个坏消息。

在国内市场，中国手机销量颇为惨淡。市场研究机构 CINNO Research（华商光电科技产业研究院）发布的数据显示，2022 年 8 月中国大陆市场智能手机销量约为 2044 万台，较 7 月销量环比下降 7.4%，同比下降 26%，环比、同比双降。自 2022 年 2 月以来已连续第七个月同比负增长，终端市场需求持续低迷，创下 2015 年以来最差的 8 月单月销量。中国信息通信研究院公布的数据显示，从 2022 年 2 月至 5 月国内手机市场的出货量都在下滑，导致国产手机库存高企，连续砍单达 2.7 亿部。

面对高企的库存，国产手机未抓住"618"大促与随后的暑假购物旺季，以至于出现了库存爆仓的困难局面。业界人士指出国产手机的库存可能高达上亿部，第四季度面临着巨大的去库存压力，由此将影响到产业链上游包装印刷、面板、光学模组、手机壳等行业的订单预期。

种种迹象表明，很多手机产业链供货商正在对第四季度的预期做出修正。

根据市场研究公司 Stone Partners 的数据，2022 年第三季度刚性 OLED（有机电激光显示）面板的需求预计将达到 3630 万块，比 2021 年同期的 6780 万块减少了 46%，而全球通胀导致的中低端智能手机销售低迷是其主要因素。

2022 年 10 月 11 日舜宇集团在港交所公告，其 9 月手机镜头出货量为 9556 万颗，同比下滑 27.9%。

在包装印刷行业，除了 P 品牌订单依然火爆异常外，国产手机品牌的订单从 8 月开始就已经开始下滑了。一些数据分析机构也做出了类似分析。Canalys（科纳仕）分析师认为，低迷的经济前景导致消费者推迟购买电子产品，从而优先考虑其他必需品的支出。这种情况可能会延续六到九个月，继续抑制智能手机市场的发展。

任务 2　供应链条件下的库存控制

📖 任务导入

由于 A 矿泉水公司将项目的仓储、运输、配送外包给 B 供应链公司，因此，在完成矿泉水的生产后，由 B 供应链公司仓储专员负责矿泉水的出入库调拨。B 供应链公司仓储部小钱接到任务后，开始了仓储作业管理工作。

📒 基础知识

一、仓储的概念

《物流术语》（GB/T18354—2021）对仓储的定义是：利用仓库及相关设施设备进行物品的入库、储存、出库的活动。

仓储是连接生产、供应、销售的中转站，对提高生产效率起着重要的辅助作用。仓储是物流、信息流、单证流的合一，是商品流通的重要环节之一，也是物流活动的重要支柱，是加快资金周转、节约流通费用、降低物流成本和提高经济效益的有效途径。

二、仓储的作用

仓储的作用如图 3‑18 所示。

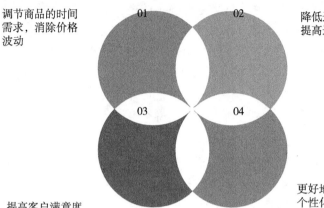

调节商品的时间需求，消除价格波动　01　02　降低运输成本，提高运输效率

03　04

提高客户满意度　更好地满足消费者个性化消费需求

图 3‑18　仓储的作用

仓储的作用主要体现在以下几个方面：第一，调节商品的时间需求，消除价格波动；第二，降低运输成本，提高运输效率；第三，通过商品消费的仓储活动可以提高客户满意度；第四，更好地满足消费者个性化消费需求。

通过仓储可以调节商品的时间需求，消除价格波动。一般而言，商品的生产与消费不可能做到完全同步。为了弥补这种不同步所造成的损失，需要储存商品消除这种时间性的需求波动。通过物流仓储环节将同一地点的小批量商品聚集成较大的批量，然后再进行统一运输，到达目的地后再分成小批量送到客户手中。因此，通过仓储可以降低运输成本，提高运输效率。

三、入库作业流程

入库作业基本流程包括入库准备、接运与验收、搬运堆码以及入库手续办理四个环节。详细流程如图 3‑19 所示。

1. 入库准备

入库准备就是根据入库通知，制订货物的存储计划、安排接货人员和所用的工具，整理存储货位。只有这样，才能保证货物到达后，快速高效地完成入库作业。入库准备流程如图 3‑20 所示。

（1）制订存储计划

存储计划是根据仓储保管合同和供货合同编制货品入库数量和入库时间进度的计划。它的主要内容包括入库货品的编码、名称、规格、数量、重量、体积、批次等。仓库计划工作人员对各存储计划进行分析，编制出具体的入库工作进度计划，并定期同业务部门联系，做好入库计划的进一步落实，随时做好货品入库的准备工作。入库作业计划单如表 3‑9 所示。

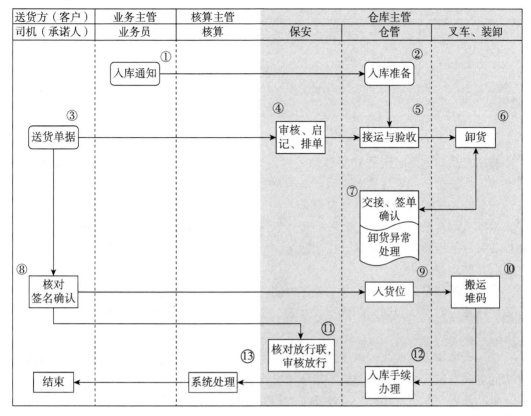

图 3-19　入库作业流程

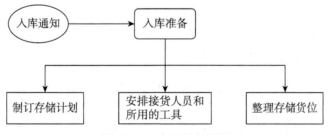

图 3-20　入库准备流程

表 3-9　　　　　　　　　　　　　入库作业计划单

预计到库时间			客户名称				
预计存储期			入库类型				
入库方式			其他要求				
库房			优先级		紧急程度		
货品编码	货品名称	规格	批次	单位	数量	体积	重量

货品编码	货品名称	规格	批次	单位	数量	体积	重量
制单人							

（2）组织人力

按照货品的入库时间和到货数量，做好相关作业人员（如搬运、检验、堆码人员等）的工作安排，保证货品到达后，人员及时到位。

（3）准备机械设备及计量检验器具

根据入库货品的种类、包装及数量等情况，确定检验、计量、装卸搬运的方法。合理配备好货品检验和计量器具，装卸搬运、堆码设备及必要的防护用品。

（4）整理存储货位

根据入库货品的品种、数量、储存时间，结合货品的堆码要求核算货位面积，确定存放的具体位置，进行必要的腾仓、打扫、消毒和准备验收场地等辅助工作。

2. 接运与验收

货品入库接运与验收程序是供应链管理中的重要环节，它们确保了货品从供应商到仓库的顺利转移，并保证接收到的货品符合要求和标准。

货品验收程序包括接运与验收准备、核对凭证、检验货品、做出验收报告及验收中发现的问题。

（1）接运与验收准备

仓库接到到货通知后，应根据货品的性质和批量提前做好验收准备工作，具体内容如下：

①全面了解验收货品的性能、特点和数量。

②准备堆码苫垫所需材料和装卸搬运机械、设备及人力。

③准备相应的检验工具，并做好事前检查。

④收集和熟悉验收凭证及有关资料。

⑤进口物资或上级业务主管部门指定需要检验质量的货品，应通知有关检验部门会同验收。

（2）核对凭证

货品到库后，仓库收货人员首先要检查货品入库凭证，然后根据入库凭证开列的收货单位和货品名称与送交的货品内容和标记进行核对。如核对无误，再进行下一道工序。如发现有证件不齐或不符等情况，要与存货和供货单位、承运单位及有关部门及时联系解决。入库商品必须具备下列凭证：

①货主提供的入库通知单和仓储合同；

②供货单位提供的验收凭证，包括材质证明书、装箱单、磅码单、发货明细表、说明书、保修卡及合格证等；

③承运单位提供的运输单证，包括提货通知单和登记货品残损情况的货运记录、普

通记录和公路运输交接单等。

（3）检验货品

①数量检验。

按货品性质和包装情况，数量检验分为三种形式，即计件、检斤、检尺求积。数量检验形式如图 3-21 所示。

图 3-21　数量检验形式

1. 计件法
计件是按件数供货或以件数为计量单位的货品，做数量验收要清点件数

2. 检斤法
检斤是对按重量供货或以重量为计量单位的货品，做数量验收时的称重

3. 检尺求积法
检尺求积是对以体积为计量单位的货品，例如木材、竹材、沙石等，先检尺，后求体积所做的数量验收

凡是经过数量检验的货品，都应该填写磅码单。在做数量检验之前，还应根据货品来源、包装好坏或有关部门规定，确定对到库货品采取抽验还是全验。

②质量检验。

质量检验包括外观检验、尺寸检验、机械物理性能检验和化学成分检验四种形式。仓库一般只做外观检验和尺寸检验，后两种检验如果有必要，则由仓库技术管理职能机构取样，委托专门检验机构检验。

③包装检验。

凡是合同对包装有具体规定的，要严格按规定验收，对于包装的干潮程度，一般是用眼看、手摸的方法进行检查。

（4）入库交接

入库货品经过点数、查验之后，可以安排卸货、入库堆码，表示仓库接收货品。卸货、搬运、堆垛作业完成后，与送货人办理交接手续，并建立仓库台账。

交接手续是指仓库对收到的货品向收货人进行的确认，表示已接收货品。完整的手续包括接收货品、接收文件和签署单证。

①接收货品。仓库通过理货、查验货品，将不良品剔出、退回或者编制残损单证等明确责任，确认收到货品的确切数量且物品表面状态良好。

②接收文件。接收送货人送交的货品资料，运输的货运记录、普通记录以及在货物运输单证上注明相应的文件，如图纸、准运证等。

③签署单证。仓库与送货人或承运人共同在送货人交来的送货单、交接清单（见表3-10）上签字，各方签署后留存相应单证。提供相应的入库、查验、理货、残损单证和事故报告，由送货人和承运人签署。

表 3-10   接货交接清单

收货人	发站	发货人	品名	标记	单位	件数	重量	车号	运单号	货位	合同号

备注：

3. 搬运堆码

（1）搬运要求

搬运工要根据货品包装箱尺寸整齐堆码，货品不能超过卡板左右两边各 5 厘米，前后不能超过 10 厘米，且整板货要做到平、稳。

摆板的方向及位置需宜叉车工操作。

装货时必须尊重客户意见并服从组长及管理员的安排，不符合要求的必须重新堆码，不能找任何借口拒绝合理堆码。

装卸过程中严禁用脚踢货品、弄脏货品，严禁用力过大造成包装或货品损坏，任何时候都不能坐在货品上休息。

叉车工铲运货品时不能用力冲撞货板，在运输过程中若发现货品可能掉落，应及时停车摆好货品后再运输，避免货品落地。

货品不整齐、不符合尺寸规格的不能上架，上架应严格执行高叉车操作规范。

装货时严禁叉车推货，防止损坏货品和卡板。

（2）进出货品堆码要求

①详细记录货品存放货位，若有变化，必须及时将更改信息通知系统管理人员，以便做到货品存储位置与计算机系统中的储位一致。

②货品存放、堆码应符合"安全、方便、节约"的原则，做到堆垛整齐、稳固、美观、横竖成直线，尽量保持端面整齐。

③根据货品的性质和包装规格，采取合适的堆码方式，如：压缝式、缩脚式、重叠式等垛型，禁止直叠式堆码。

④货品在库内堆码陈列，要用货架或栈板，栈板叉口要向巷道一侧，单独使用栈板堆码时，行与行要整齐；有货架时，栈板放在货架上要整齐一致。

⑤码放时要将包装箱或货品的标识朝外，如品名、编码等。

⑥货品存放过程中，要将同类货品放在一起。

⑦将出货率高、出货量大的货品放置在离出货区近的地方，便于出货。

（3）货品堆码方法

①散堆法。

散堆法是指将无包装的散货在库场上堆成货堆的存储方式。这种方法适用于大宗散货，如煤炭、矿石、散粮和散化肥等。这种堆码方式简便，便于采用现代化的大型机械设备，节省包装费用，提高仓容的利用率，降低运费。

②堆垛法。

对于有包装（如箱、桶）的货品，包括裸装的计件货品，采取堆垛的方式储存。采用堆垛方式储存能够充分利用仓容，保持仓库的整齐，方便作业和保管。

常见的堆码方式包括重叠式、纵横交错式、仰伏相间式、压缝式、通风式、栽柱式等，具体如图3-22所示。

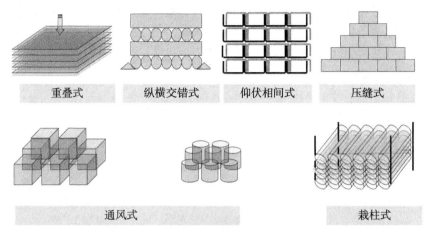

图3-22 商品堆码方式

常见的堆码方式如表3-11所示。

表3-11 常见的堆码方式

堆码方式	内容
重叠式	重叠式也称直堆法，是逐件、逐层向上堆叠堆码，一件压一件的堆码方式
纵横交错式	纵横交错式是指每层货品都改变方向向上堆放
仰伏相间式	对上下两面有大小差别或表面凹凸不平的货品，将货品仰放一层，再反面伏放一层，仰伏相扣
压缝式	将底层并排摆放，上层放在下层两件货品之间
通风式	在堆码时，任意两件相邻的货品之间留有空隙，以便通风
栽柱式	码放货品前，先在堆垛两侧栽上木桩或铁棒，然后将货品平码在桩柱之间，码放几层后用铁丝将两边相对的柱拴连，再往上摆放货品

（4）货物苫垫

货物在堆垛时一般需要苫垫，即把货垛垫高，并对露天货物进行苫盖，只有这样才能使货物避免受潮、淋雨、暴晒等，保证货物的质量。

①苫盖技术。

苫盖目的：防止货品受到风吹、日晒、雨淋、冰冻的侵蚀，对于某些不怕风吹、雨淋、日晒的货品，如果货场排水性能好，可以不进行苫盖，如生铁、石块等。

苫盖材料：通常使用的苫盖材料有塑料布、席子、油毡皮、铁皮、苫布等，也可以将货品的旧包装改制成苫盖材料。

苫盖方法：苫盖方法包括垛形苫盖法、鱼鳞苫盖法、隔离苫盖法、活动棚架苫盖法。

②垫垛技术。

垫垛目的：垫垛是为了使堆垛的货品免受地坪潮湿的侵蚀，使垛底通风透气，提高储存货品的保管养护质量，是仓储保管作业中必不可少的一个环节。

垫垛材料：通常采用枕木、石墩、水泥墩、木板、防潮纸等材料垫垛，根据不同的储存条件和货品的不同要求，采用不同的垫垛材料。

垫垛方法：垫垛方法包括码架式、垫木式、防潮纸式。

4. 入库手续办理

入库手续办理如表3-12所示。

表3-12   入库手续办理

流程	具体要求
入库交接	入库货品经过点数、查验之后，可以安排卸货、入库堆码，表示仓库接受货品。在卸货、搬运、堆垛作业完毕后，与送货人办理交接手续，并建立仓库台账。 交接手续包括接收货品、接收文件、签署单证
登账	货品入库，仓库应建立详细反映货品仓储的明细账，登账的主要内容有：货品名称、规格、数量、件数、累计数或结存数、存货人或提货人、批次、金额，注明货位号、运输工具、接（发）货经办人
立卡	货品入库或上架后，将货品名称、规格、数量或出入状态等内容填在料卡上，此过程称为立卡。料卡又称为货卡、货牌，插放在货品下方的货架支架上或摆放在货垛正面明显位置
货品档案建立	将入库作业全过程有关的资料和证件进行整理、核对，建立资料档案，从而详细地了解货品入库前后的活动全貌，以便进行货品管理，保持与客户的联系

四、在库作业流程

1. 盘点作业

（1）盘点作业概念

盘点是对库存商品进行账、卡、货三方面的数量核对工作。通过核对，管理人员可以及时发现库存商品数量上的溢余、短缺、品种互串等问题，以便分析原因，采取措施，挽回和减少保管损失。同时还可以检查库存商品有无残损、呆滞、质量变化等。

（2）盘点作业程序

盘点作业包括盘点准备、实施盘点和处理盘点结果三个步骤。

①盘点准备。

盘点前的准备工作包括确立盘点的时间、安排盘点人员、协调相关部门配合和准备盘点用品用具、制订盘点计划书。盘点计划书对盘点时间间隔、仓库停止作业时间、账务冻结时间、初盘时间、复盘时间、人员安排和分工、相关部门配合及注意事项做出详细计划。盘点人员包括初盘人、复盘人、监盘人、稽核人、数据录入人员等。盘点需要协调的部门包括财务部、验收小组、采购小组、客服部、销售部、信息小组、总经理和客户等，将盘点计划通知相关部门和人员。

②实施盘点。

实施盘点包括初盘和复盘。

初盘。初盘一般按储位先后顺序、先盘点箱内散件物料再盘点整箱装物料的方式进行盘点，不允许采用散件物料与整箱装物料同时盘点的方法。初盘人所负责区域内的物料一定要全部盘点完成。初盘完成后，初盘人在"初盘盘点表"上签名。

复盘。复盘人首先要对"初盘结果"进行分析，以便快速做出盘点对策。一般按照先盘点差异大后盘点差异小、再抽查无差异物料的方法进行复盘工作。复盘时要重点查找以下错误：物料储位错误、物料标示 SKU（最小库存单位）错误、物料混装等，复盘有问题的需要找到初盘人进行数量确认。

③处理盘点结果。

差异原因追查后，应针对主要原因进行适当的调整与处理，至于呆废品和不良品减价的部分则需与盘亏一并处理。商品除了盘点时产生数量的盈亏外，有些商品在价格上也会产生增减，这些变化在经主管审核后必须利用商品盘点盈亏及价目增减更正表进行修改。

2. 商品保管与养护

（1）商品养护概念

商品养护是指商品在储存过程中所进行的保养和维护，从广义上说，商品从离开生产领域而未进入消费领域这段时间的保养与维护工作，都称为商品养护。

（2）在库商品的质量变化形式

商品在库期间受环境因素影响，可能会发生质量变化，影响商品的原有价值。常见的质量变化形式有：物理变化、化学变化、生化变化、价值变化、机械变化等，如表 3-13 所示。

表 3-13　　　　　　　　商品在库期间发生变化的形式

名称	现象
物理变化	气体、液体、固体"三态"之间的变化，如挥发、凝固、沉淀、熔化、潮解等。商品串味、渗漏、玷污、干裂等现象
化学变化	组化、燃烧与爆炸、锈蚀、老化、水解、分解、裂解、化合、聚合等现象
生化变化	粮食、水果、蔬菜、鲜鱼、鲜肉、鲜蛋等有机商品在储存过程中受环境影响会发生呼吸、发芽、胚胎发育、后熟、霉腐、虫蛀等现象
价值变化	储存呆滞损失：因储存时间过长，市场需求发生了变化，使该商品的效用降低。时间价值损失：储存时间越长，储存成本越高，造成的经济损失越大
机械变化	指商品在外力作用下可发生的形态变化，如破碎、变形等

（3）在库商品养护的基本措施

①严格验收入库商品。

为保证商品在库期间的保管质量，入库时就应把好质量关，验收时凡是发现霉变、腐败、熔化、沉淀、结块、渗漏、虫蛀、玷污及外包装潮湿、破损的，应剔除并另行

处理。

②合理安排储存场所。

不同商品有不同的特性，对保管条件的要求也不同，应根据商品特性安排适当的存储地点。例如，医药行业对药品的存放环境有严格的要求，环境的温湿度对药品的保存寿命与质量有很大影响，高温高湿会使药品发霉、变质，失去药用价值，该类商品应放在有温湿度监测和控制条件的仓库中；对于怕热、易挥发、易燃烧、易爆炸的商品，应放在温度较低的地方；对于易受潮、霉变、锈蚀的商品，应放在阴凉干燥处；对于性质相抵触或易发生串味的商品应分区存放等。

③合理进行堆码苫垫。

对于易受地面潮气影响的商品，堆码时应注意做好垫垛隔离工作，露天存放的商品应注意使用帆布、芦席、活动棚等进行苫盖。根据商品的性能、当地的气候条件妥善堆码，按要求留出"五距"。

④控制好仓库温度、湿度。

商品的质量变化受空气的温度和湿度影响较大。仓库要根据保管的商品特性和对环境温湿度的要求，采取通风、密封、吸潮措施，使用能调节仓库温度和湿度的设备，将仓库温度和湿度控制在商品适应的范围内。

⑤做好虫害防治。

不清洁的环境易引起微生物、虫类的滋生繁殖，所以，要经常清扫仓库内外，保持储存环境清洁。对于像食品等易招虫蛀、鼠害的商品，应采取措施切断虫害来源，对已发生的虫害、鼠害采取措施进行治理。

⑥认真进行在库检查和盘点。

在库检查和盘点工作对及时发现问题、保障存储质量具有重要作用。日常检查内容包括仓库卫生是否清洁，商品储存环境是否适宜，商品是否有霉变、虫害、生锈等质量变化，一旦发现问题或隐患，应及时采取措施，防止损失扩大。

⑦做好仓库清洁卫生。

储存环境不清洁易引起微生物、虫类的滋生繁殖。因此，对仓库内外环境应经常清扫，彻底铲除仓库周围的杂草，及时清除垃圾，必要时使用药剂消杀微生物和潜伏的虫害，对容易遭受虫蛀、鼠咬的物料要根据物料性能和虫鼠生活习性及危害途径，及时采取有效的防治措施。

3.6S 管理

（1）6S 的定义

6S 管理是一种管理模式，是 5S 的升级，6S 即整理（Seiri）、整顿（Seiton）、清扫（Seiso）、清洁（Seiketsu）、素养（Shitsuke）、安全（Security），6S 和 5S 管理一样兴起于日本企业。

（2）实现工具

6S 管理只是一种管理方式，要真正实现 6S 的目的，还必须借助工具，才能更好地达成 6S 管理的目的。6S 管理主要的工具有以下两个。

①看板管理。

看板管理可以使现场工作人员一眼就知道何处有什么东西、有多少数量，同时亦可将整体管理的内容、流程以及订货、交货日程与工作排程制作成看板，让工作人员易于了解，以进行必要的作业。

②Andon 系统。

安灯系统（Andon，也称"暗灯"），是一种现代企业的信息管理工具，Andon 系统能够收集生产线上设备和质量管理等与生产有关的信息，加以处理后，控制分布于车间各处的灯光和声音报警系统，从而实现生产信息的透明化。

（3）6S 管理的内容

①整理。

整理仓库，有用的正常商品留下，呆料、废料、不用的包装和不用的工具与设备等清除到别处。整理的目的是腾出更大的空间，防止商品混放、错放等；清除不用的杂物，保持通道畅通，可以提高工作效率；减少磕碰的发生，保障安全，提高保管质量。

②整顿。

仓库进行 6S 管理时，要用标识线将仓库的各个分区（如收货区、品控质检区、存储区、退货商品存放区、不良品区、发货区、工具存放区、纸箱暂存区、消防区域、垃圾区等）明确标识出来，通道、货架、货位编码清晰且准确地标识出来。明确每个分区的 6S 管理负责人，对本分区的 6S 执行情况负责，仓储主管对仓库内的 6S 执行情况负全部责任。

③清扫。

将仓库内所有地方，包括地面、墙面、天花板、货架、商品表面、工作台等进行清扫，对设备、器具进行清扫、润滑，有损坏的及时进行修理。清扫的目的是提供一个清洁、专业的仓储环境，减少灰尘对商品的影响，维护作业安全，保障储存环境质量。

④清洁。

将整理、整顿、清扫工作制度化、规范化。经常性地做整理、整顿、清扫工作，并对以上 3 项工作采取定期与不定期巡查监督措施。目的是巩固整理、整顿、清扫工作的成果，保持仓储环境任何时候都处于整齐、干净的状态。

⑤素养。

持续推行 4S 管理，直到每位员工养成整洁有序、自觉遵守的好习惯。开展 6S 管理容易，但长时间的维持必须靠员工良好的素养。推进手段主要有制定标准和制度、利用培训和班前会等进行宣贯。

⑥安全。

强化员工安全意识，防患于未然，建立一个安全的生产环境。主要手段有制定严格的操作规程，完善各种安全制度，对危险区域加以标识，员工进入仓库戴安全帽、穿安全鞋，仓库配备必要的消防、防盗设备等。

五、出库作业流程（见图 3 - 23）

图 3 - 23　出库作业流程

1. 出库凭证审核

仓储业务部门接到商品出库凭证时，先要对出库凭证进行仔细的审核。审核的主要内容如下：审核出库凭证的合法性和真实性；核对商品的品名、型号、规格、单位、数量等有无错误；核对收货单位、到站、银行账号等是否齐全和准确。

如发现出库凭证有问题，须经原开证单位进行更正并加盖公章后，才能安排发货业务。但在特殊情况下（如救灾、抢险等），可经领导批准先发货，事后及时补办手续。

2. 出库信息处理

出库凭证审核无误后，要将出库凭证信息进行处理。采用人工处理方式时，记账人员将出库凭证上的信息按照规定的手续登记入账，同时在出库凭证上批注出库商品的货位编号，并及时核对发货后的结存数量。采用计算机进行库存管理时，仓管人员将出库凭证的信息录入计算机后，由出库业务系统自动进行信息处理，并打印生成相应的拣货信息（拣货单等凭证），作为拣货作业的依据。

3. 拣货

拣货是依据客户的订货要求或仓储配送中心的送货计划，尽可能迅速、准确地将商品从其储位或其他区域拣取出来的作业过程。

（1）拣货信息的传递

拣货信息是拣货作业的依据，它来源于客户的订单。拣货信息既可以通过手工单据传递，也可以通过电子设备和自动拣货控制系统进行传输。

（2）拣货方式

按照拣货过程自动化程度的不同，拣货分为人工拣货、机械拣货、半自动拣货和自动拣货 4 种方式。

4. 分货

分货也称配货，是拣货作业完成后，根据订单或配送路线等不同的组合方式对商品进行分类。需要流通加工的商品，先按流通加工方式分类，再按送货要求分类，这种作业称为分货作业。分货作业方式可分为人工分货和自动分类机分货两种方式。

5. 出货检查

为保证出库商品不出差错，配货后应立即进行出货检查。出货检查是防止发货差错的关键。采用人工拣货和人工分货作业方式时，每经过一个作业环节，必须仔细检查，按照"动碰复核"的原则，既要复核单货是否相符，又要复核货位结存量验证出库量是否正确。发货前由复核人员按出库凭证对出库商品的品名、规格、单位、数量等仔细地进行复验，核查无误后，由复核人员在出库凭证上签字，方可包装或交付装运。在包装、装运过程中要再次进行复核。

6. 包装

出库商品有的可以直接装运出库，有的还需要经过包装待运环节。特别是发往外地的商品，为了适应安全运输的要求，往往需要进行重新组装或加固包装等作业。凡是由仓库分装、改装或拼装的商品，装箱人员要填制装箱单，标明箱内所装商品的名称、型号、规格、数量及装箱日期等，并由装箱人员签字或盖章后放入箱内供收货单位查对。

7. 商品交接

出库商品无论是要货单位自提，还是交付运输部门发运，发货人必须向收货人或运输人按单逐件交接清楚，划清责任。在得到接货人的认可后，在出库凭证上加盖"商品付讫"印戳，同时给接货人填发出门证，门卫按出门证核检无误后方可放行。

8. 发货后的处理

商品交接以后应及时进行发货后的处理工作。人工处理时由发货业务员在出库凭证上填写实发数、发货日期等内容，并签字。然后将出库凭证其中的一联及有关证件资料及时送交货主单位，以便货主办理货款结算事宜。仓管人员根据留存的一联出库凭证登记实物储存明细账，要做到随发随记、日清月结、账面余额与实际库存和卡片相符。出库凭证应该当日清理，定期装订成册，妥善保存，以备查用。采用计算机管理系统时，应及时将出库信息输入管理系统，系统自动更新数据。

📖 **案例参考**

仓库作业管理参考案例

智能仓储能为传统制造企业做些什么？

📖 **任务实施**

B供应链公司配备WMS仓库管理系统，具备饮料仓库和一系列仓库安防体系，现由仓储部小钱对矿泉水入库进行管理，仓储部小钱根据以下流程进行仓储管理。

步骤一：入库管理

（1）入库准备

收到矿泉水到货通知后，小钱做好货品入库准备，以保证货品准确、迅速地入库，防止因货物突然到达而造成场面混乱。

准备工作包括以下几项。

①提前24小时以电话/邮件的形式通知仓管员并提供相关的到货计划等信息，具体包括：货物名称、箱/包数、日期/批次、预计到达时间、货物装车箱数、车牌号、司机联系方式等。

②仓管员区分整批送货或分批送货。

③仓管员根据到货信息合理安排库位，确认到货时间是否有冲突。

④仓管员查看到货产品库存量，如库存量过大，则通知财商人员分批到货或者延迟进货。

⑤仓管员应根据入库信息，做好相应的接货准备，包括：打印入库单，准备所需的电动叉车、手动叉车、安排装卸工等。

（2）入库验收

收到货品后，小钱首先检查货品外包装箱是否有变形、受潮情况，然后对货品数量进行确认，并在收货确认单上填写货品实收货数据。具体流程如下：

① 到货后需审核厂家出库单、送货单、托运单、检验证明等凭证，查看单据上体现的供货单位、品项、数量、保质期、规格、包装及相关到货信息。

② 需查验货物品类、件数、规格和外包装，查看货物生产日期、保质期等相关内容与送货单据是否相符。

③ 对货品内箱进行抽查，是否出现损坏（破碎、破裂、变形、凹罐），如有则拒收。

④ 生产日期至送达日期是否超过保质期的1/3，如有则拒收，在一个月内超过有效期1/3的，与业务负责人沟通是否收货。

⑤ 送货品项、数量是否与订货量相符。

⑥ 需对到货产品进行开箱抽检，抽检比例不低于10%。

⑦ 针对原包装破损、受潮、串味等异常情况，直接做拒收处理，拒收货物随车带回。

⑧ 货品检验完毕，按实收数在入库单和供应商的供货凭证上签字确认并加盖公章，将收货凭证原件留底后其余单据交还送货人员。

⑨ 将收货单与供应商的供货凭证一起装订好，递交物流文员录入WMS系统。

收货确认单如图3-24所示。

编号：JL-ZY022-001

货品收货检查确认单

送货单号：

尊敬的客户：

您好，为了确保贵司所定货品运抵后有明确的交接确认，同时也为了督促我们的承运商提供更优质的服务，我们恳请您根据以下所列事项对正在收取的货品外观及随货文件进行检查，如果发现有以下所列出的问题，请打勾，若还发现其他问题，可以在下面的客户填写框中具体描述，若发现如下所列的问题，请您立即拨打客服电话并发邮件到邮箱，同时请在邮件中提供相应的照片为证。

1. 到货产品的运输车辆是否为厢式货车	有 □	无 □
2. 到货产品缠绕膜、托盘是否完好，货品四周是否有护角	有 □	无 □
3. 到货产品是否与其他化工类的产品共同配送	有 □	无 □
4. 到货产品外包装有无破损	有 □	无 □
5. 到货产品有无受潮或淋湿等现象	有 □	无 □
6. 到货是否附卫检证书	有 □	无 □

其他事项反映：

客服人员：李××　　　　　　　　　客服主管：王××
邮箱地址：××@163.com　　　　　　邮箱地址：××@163.com
服务电话：123××26
收货人签字：_____　　　　　　收货日期：
收货专用章：

（a）

收货确认单

收货单位_____B供应链公司_____

收货人_____小钱_____收货日期_____2022年11月22日_____

收货电话_____收货地址_____

合同编号_____

序号	商品编号	国际码	商品描述	数量/瓶	件数/件	Wsd库存批次	生产日期	体积	重量	实收货
1	1号	/	矿泉水	240000	10000	/	2022年11月1日	/		
2										
3										
4										
合计										

备注
1. 填写此"收货确认单"并回传到我公司，则视为货物已收到并验收合格。
2. 接到此通知三天内请验收，验收无误，则需填写"收货确认单"，确认已收货及验收合格，然后回传到我公司，如收到货三天后，没有提出异议且没有回传"收货确认单"，则视为已确认收货并验收合格。
3. 内容需填写真实、完整，字迹要工整，必须加盖公章。
4. 填写完内容请盖章确认并回传。

制单单位：　　　　　　　　　　　　收货单位：

（b）

图 3-24　收货确认单

（3）贴标签

完成搬运、堆码等一系列流程后，确定好放置的货架就可以贴上标签。标签信息包括：商品编码、商品名称、商品规格、商品批次、生产日期、有效期等。某品牌奶粉标签如图3-25所示。

0747962

×××3段幼儿配方奶粉12　　12×900

8716200719247　　600

批次：107FP6F　　01　0100003868359

生产日期 2021-03-28

到期日期 2023-03-28

图3-25　某品牌奶粉标签

步骤二：在库管理

（1）货物盘点

制订盘点计划。

B供应链公司饮料仓库要求每年进行一次年终盘点，仓储部小钱根据实际情况，提前制订年终盘点计划，如表3-14所示。

表3-14　　　　　　　　　　　　年终盘点计划

序号	事项	日期	时间
1	停止收、发货	2022年12月30日	18：00前
2	系统操作冻结	2022年12月30日	18：00前
3	初盘及货物整理	2022年12月31日	9：00—16：00
4	出具盘点报表	2022年12月31日	16：00—18：00
5	实物盘点	2023年1月4日	9：30—15：30
6	差异核对	2023年1月4日	15：30—18：00
7	正常收、发货	2023年1月6日	9：00

（2）6s管理

B供应链公司对于仓库管理人员的管理十分严格，仓储专员小钱每天上下班必行项如下。

上班必行项：

①检查仓库门窗情况，确保仓库门关好，查看窗户是否有异常情况。

②检查仓库安全设施情况，如防盗网、防爆灯、灭火器等。

③执行仓库 6S 管理，着重进行整理、整顿、清洁、清扫 4 项工作。

④登录运营与计划管理系统，查看是否有未处理单据和待处理事项。

⑤记录仓库温湿度数值，检查是否超出货物规定温度、湿度存储范围。

下班必行项：

①登录系统检查单据处理情况，与财商人员沟通是否还有单据需要处理。

②下班前对当天所有的单据进行整理、核对，完成当日系统单据审核和回单整理。

③下班前按照 6S 管理的要求对库内操作现场进行清扫和整理，对仓库区域进行检查，确认无安全隐患后才可离岗下班。

B 供应链公司制定的仓库 6S 日检查表和周检查表样例，如图 3 - 26、图 3 - 27 所示。

图 3 - 26　仓库 6S 日检查表样例

步骤三：出库管理

（1）出库准备

小钱根据公司规定做好如下出库准备：

①查看系统是否有财务审核后符合放货规定的供货凭证。

②调度核对有效的供货凭证信息，核对无误后进行供货凭证打印，通知仓库做好出货准备。

仓库6S周检查表

月份：＿＿＿＿＿＿＿

类别	序号	检查内容 检查日期	周一日	周二日	周三日	周四日	周五日	问题点改善
人员管理	1	人员是否准点上班						
	2	工作期间是否有人员擅自离岗						
	3	是否礼貌待人，热情周到						
	4	外来人员进入库区是否按要求登记						
设备管理	5	栈板是否按类别整齐存放指定位置						
	6	清洁工具是否干净并放在指定位置						
	7	手动叉车未使用时是否放在指定位置						
	8	叉车是否每日点检并记录						
清洁卫生	9	地面是否随时保持整洁干净						
	10	办公桌上物品是否整齐整洁						
	11	货物是否整齐存放在所属区域						
	12	货架和货品上是否有灰层						
温湿度管控	13	非作业时间库区卷闸门是否关闭						
	14	温湿度是否每日点检并记录						
安全管理	15	进入库区人员是否穿安全鞋（鞋套）						
	16	人员进入货架区作业是否戴安全帽						
	17	库区内是否有货物阻塞通道						
	18	下班前是否检查水电、门窗关闭						
检查人签名								

图 3-27　仓库 6S 周检查表样例

③供货凭证信息有误，实际库存与出库数量、明细有差异时，应立即通知财商人员，并与财商人员确认最终送货数量和明细；同时将供货凭证从系统驳回，待财商人员调整供货凭证。

④仓库必须按单拣货。

⑤每单同品种、同有效期的货物必须摆放在同一个卡板上。

⑥须按先进先出原则拣货，未上系统的仓库，须同时对物料卡进行登记。

⑦拣货完成后，拣货人员应在供货凭证上签上姓名及拣货时间，并加盖公章。

⑧拣货时发现库存不足、超出有效期或临近有效期无法出库的，须在单据上进行划单，并在划单处写上实际出货的数量，注明划单原因且签上自己的名字，同时须将划单数量通知对应的业务人员，防止因划单导致订单满足率不足而被商超罚款。供货凭证样例如图 3-28 所示。

供　货　凭　证

项目:D717S.20-菲仕兰食品贸易（上海）有限公司　　　物流号OS-:OS-15621503　　　要求送货日期:2021-10-28

客户全称:深圳市怡亚通供应链股份有限公司山姆项目惠州　　　联系人:山姆收货部　　　客户电话:0752-5310760

客户订单号:14237698/810204591/YYTORDER211027-36

客户地址:惠州市惠阳区安博物流园8号仓二层山姆仓

序号	商品编码	国际码	商品描述	数量	件数	wsd库存批次	生产日期	体积	重量	实收货
1	0747971 8	87162007129 5	皇家美素力1段婴儿配方奶粉 12*800 G/TINS12*800G	120	10箱	1084XZ C	2021-08-2 7	0.3660	126.0000	
2	0747972	87162007129 2	皇家美素佳儿2段较大婴儿配方奶粉 1 2X800G/TINS12*800G	120	10箱	10843JB	2021-08-2 1	0.3660	126.0000	
	合计			240	20箱			0.7320	252.0000	

发货备注:①请提前1天预约；②使用厢车送货；③不可拆托。

注意事项:

　　尊敬的客户，请您按照本单所列产品信息验收，若您收到的货物外包装有异常，请您现场开箱清点，并仔细核对后备注签收。

签收标准:

① 收货人签名+印章（印章名与收货单位名称一致）+日期

② 收货人本人签名+身份证号码或印章（印章名与收货单位名称一致）+日期

配送中心	运输公司	收货单位
发货印章	收货人签名	收货人签名盖章
发货商	收货日期	签收日期

图 3－28　供货凭证样例

（2）商品出库

小钱根据供货凭证表进行配货，安排出库。

 素养园地

某烟草公司推动数字化转型，RFID成品仓储管理系统成功上线

　　烟草仓储管理是卷烟生产管理过程中的一个重要环节，因其涉及面广、时间长、流程多、资金大等特点，深受各大烟草公司的关注。某烟草公司为促进烟草仓储管理工作搭建了一套仓储管理系统，并于近日正式在赤岗成品仓库上线。该系统的上线，改变了成品仓库依赖员工工作经验、缺乏专业仓储系统的局面，走上更加规范、高效、科学的数字化仓储管理体系。

　　近年，全国各地烟草仓储有序开展仓间数据自动化采集以及物联网智能仓储管理等项目，提升烟草智能化管理水平，向绿色环保、智能化、数字化仓间建设迈出坚实的一步。目前，烟草公司会为每箱烟草印制具有唯一标识码的RFID（射频识别技术）标签，

并利用库存追溯管理系统，完成从生产到销售整个过程溯源。

据悉，某烟草公司这次上线的系统通过物联网技术提高了仓储环境、仓储资源、库存物料、作业事件的全面感知能力，通过数据互联互通，提高不同物料批次跟踪追溯能力。

该系统在出入库环节对接批次管理系统，精准追踪各种库存物料的条码、二维码等信息，精准记录各垛位的入库、出库、移库、翻垛等作业数据，实现了仓储业务全流程信息化，通过仓储智能作业策略，提供自动分配库位、超龄预警、库容预警等各种作业场景的智能支持，全面提升质量管理和精细化管理水平。

此外，该系统还完成了批次系统、烟叶系统、SAP（思爱普）系统、运输系统、主数据平台等企业内系统的数据集成，打通了供应链前后端信息链路，消除了信息孤岛，实现了仓储数据的有效传递、快速交互和实时共享，建立了一体化综合管控平台，为智慧物流和品牌高质量发展提供了坚实的物流保障。

烟草数字化仓储管理系统采用先进的 RFID 技术和无线网络技术，可提升现有仓库管理水平，提高工作效率，保证仓库管理的准确性以及信息更新的及时性，彻底改变以往的信息记载和传递方式，真正实现仓库管理的现代化。

第三节　供应链项目采购策略与供应商管理

📖 学习目标

知识目标：

1. 了解寻找供应商的方式
2. 认识采购计划的编制
3. 掌握采购订单处理和跟进的方法

技能目标：

1. 能够进行供应商寻源
2. 能够编制采购计划
3. 能够跟进和处理采购订单

素养目标：

1. 培养学生具备采购人员的操守，能够公平采购
2. 培养学生的成本意识，能够有效降低采购成本

任务 1　选择供应商

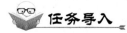 任务导入

在 A 公司的供应商资源库中已有部分原材料供应商可供采购专员小周进行选择，经

过初选，小周确定，其中 3 家供应商：供应商 A、供应商 B、供应商 C 作为未来可能合作的战略合作伙伴，现在想通过综合评价的方法确定一家供应商进行合作，为此，小周对供应商进行了综合分析，为选择合适的供应商做好充分的准备。

那么，小周接下来应该怎样选择供应商呢？

基础知识

一、寻找供应商

1. 选择供应商前的规划布局

（1）供应商地理位置布局

供应商的生产基地最好在企业附近，若较远，一般可以与供应商协商沟通，让其在企业附近设一个仓库。

（2）各行业供应商的数量

一般要选择三个以上供应商。做规划时要对本企业的原材料进行分析，对每类原材料在一定时期内选定几个主要的供应商，其他供应商也要下一些订单来维持关系，以备不时之需。

（3）供应商在其行业中的大小

在选定供应商规模时，一般也讲究"门当户对"，即大型企业的供应商最好也是大型企业，至少不能小于中型企业；而中型企业的供应商一般是中小型企业。

2. 收集潜在供应商资料

（1）收集资料的途径

由企业采购部门收集所需产品的供应商名单及其产量、质量、价格等历史背景材料。寻找供应商，可通过以下途径来进行。

①利用现有资料。

在管理上比较正规的企业，都会建立合格供应商的档案或名册，因此企业不必舍近求远，应该从现有的供应商中甄选，分析或了解他们是否符合要求。

②公开招标。

政府机构偏好以公开招标的方式寻找供应商，符合条件的厂商都有参与投标的机会，不过民营企业通常很少用这种方式，因为这是被动地寻找供应商的方式，换句话说，如果最适合的供应商不主动来投标，也就达不到公开招标的目的了。

③通过同业介绍。

所谓"同行是冤家"，是指业务人员之间因为彼此间竞争客户，针锋相对，但同行的采购人员之间倒是"亲家"，因为彼此可以联合采购或互通有无，采购人员若能广结善缘，同业必乐于提供供应商的参与名单，因为"于己无害，于人有利"，何乐而不为呢？

④阅读专业刊物。

企业可从各种专业性的杂志或报纸获悉许多产品供应商信息，也可以从采购指南、工商名录、工商黄页以及电话分类广告等获得供应商的基本资料。

⑤工会或采购专业顾问公司。

企业可以商请拟购产品的同业工会提供其会员厂商名录，此外也可以询问采购专业顾问公司，了解稀少或取得不易的物品，如精密的零件或管制性物品。

⑥参加产业展示会。

企业应参加有关行业的产业展示会，派人收集适合的供应商资料。

（2）供应商资料收集的内容

供应商资料收集的内容如图 3-29 所示。

图 3-29　供应商资料收集的内容

3. 了解供应商

（1）研究供应商提供的资料

每个供应商都想把自己尽快地推销出去，要想把自己推销出去，必然就要对自己进行宣传，作为企业宣传策略的一种，供应商会印制一些宣传资料，通常都是一些精美的图表画册。为了获得更多的订单，供应商会把介绍本企业的资料提供给有采购意向的企业。如此一来，企业就会拥有大量的相关资料。这就需要采购人员充分利用资源仔细研究各个供应商提供的宣传材料，大致确定可以进一步接触的供应商。

（2）向有意向的供应商发放调查问卷

采购方可以根据本身所处行业的物品供销情况，设计出详细的调查问卷，发给有意向的供应商，并根据调查问卷的回复确定被调查供应商的实力。供应商调查问卷范本如图 3-30 所示。

（3）实地考察供应商

为了更好地了解供应商，如果有可能，采购方应该实地考察供应商。通过实地考察进行深入的供应商调查，这种方式需要花费较多的时间和精力，调查的成本非常高，因此并不是所有的供应商都是必须调查的。只有在以下条件下才需要调查：一是准备发展成为紧密关系的供应商；二是寻找关键零部件的供应商。

这种考察深入供应商企业的生产线、各个生产工艺、质量检验环节甚至管理部门，对现有的设备工艺、生产技术和管理技术等进行考察，看看所采购的产品能否满足企业的生产工艺条件、质量保证体系和管理规范要求。有的甚至要根据拟采购产品的生产要求，进行资源重组，并进行样品试制，试制成功以后，才算考察合格。只有通过这样深入的供应商考察，才能发现可靠的供应商，建立起比较稳定的物资采购供需关系。

实地考察供应商的目的如图 3-31 所示。

供应商调查问卷

基本信息						
公司名称						
公司地址						
成立时间		注册资本		营业期限		
生产或经营场所面积（m²）			场地性质	□ 自有　□ 租赁　□ 其他		
公司类型	□ 生产商　□ 经销商　□ 代工厂　□ 代理商（代理商提供代理资质）					
经营范围						
公司简介与发展规划						
人员信息						
员工人数		管理人数		技术人数		
业务联系人		职务		联系电话		
质量联系人		职务		联系电话		
经营信息						
近三年营业额	万元/		万元/		万元	
主要客户群体（前三位）	客户名称		销售占比	主要销售产品		备注
主要供应群体（前三位）	供应商名称		采购占比	主要采购材料		备注
生产信息						
主要设备	主要生产或检测设备名称		规格型号	数量		备注
产品类型		产能		交期		
体系认证	□ 无　□ ISO9001　□ ISO14001　□ ISO45001　□ GMP　□ 其他（　　　　）					
提供相关附件	营业执照、体系证书					

填表人：　　　　　　　　　　　　　　　填表日期：　　　年　月　日

图 3 - 30　供应商调查问卷范本

防止不必要的中间环节

更好地调查供应商实力

图 3 - 31　实地考察供应商的目的

（4）向其他相关人员了解情况

企业可以充分利用拥有的人力资源向曾经隶属于该企业但现在已经离开的员工进行回访，向他们了解供应商的实际情况。这种方法所获得的信息甚至比实地考察更有价值，但是使用该方法时要避免不正当竞争，不能违反相关规定。

4. 分析供应商

（1）分析供应商需要考虑的因素（见图3-32）

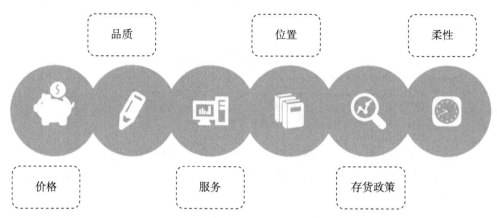

图3-32　分析供应商需要考虑的因素

（2）对供应商进行比较

对纳入考察的供应商进行比较，比较的内容包括产品价格、合格率、交货提前期、每月可供货数量、供货批量、品质保证能力、服务质量、付款方式等，如表3-15所示。

表3-15 　　　　　　　　　　　　供货商比较分析

供应商名称	产品价格	合格率/%	交货提前期/天	每月可供货数量	供货批量

5. 建立供应商资料库

对于合格的供应商，企业应建立一个相应的资料库，而且这些资料应随着情况的变化而动态变化。

二、供应链环境下供应商的选择步骤

1. 成立供应商评估和选择小组

供应商选择绝不是采购员个人的事情，而是一个集体的决策，需要企业各部门相关人员共同参与、共同决定，获得各个部门的认可，包括采购部门的决策者和其他部门的决策影响者。

供应商的选择涉及企业的生产、技术、计划、财务、物流、市场部门等。对于技术要求高、重要的采购项目，需要特别设立跨职能部门的供应商选择工作小组。供应商选择工作小组应由各部门相关人员组成，包括研究与开发部、技术支持部、采购部、物流管理部、计划部等。

2. 确定全部供应商名单

通过供应商信息数据库以及采购人员、销售人员或行业杂志、网站等媒介渠道，了解市场上能提供所需物品的全部供应商。

3. 列出评估指标并确定权重

确定代表供应商服务水平的有关因素，据此提出评估指标。评估指标和权重对于不同行业和产品的供应商是不尽相同的。

4. 逐项评估各供应商的履行能力

为保证评估的可靠性，应该对供应商进行调查，在调查时一方面听取供应商提供的情况，另一方面尽量对供应商进行实地考察。考察小组由各部门相关人员组成，技术部门进行技术考察，对企业设备、人员进行分析，考虑产品质量是否能够得到保证，以及是否能够跟上企业的技术发展，满足企业变动的要求；生产部门考察生产制造系统，了解人员素质、设备配置水平、生产能力、生产稳定性等；财务部门进行财务考核，了解供应商的历史背景和发展前景，审计供应商并购和被收购的可能，了解供应商经营情况、信用状况，分析价格是否合理以及企业能否获得优先权。

5. 综合评分并确定供应商

在综合考虑多方面重要因素之后，就可以给每个供应商打出综合评分，并选择出合格的供应商。

案例参考

供应商选择参考案例

文具企业如何选择供应商

任务实施

步骤一：成立供应商评估和选择小组

小周联合公司生产、技术、计划、财务、物流、市场等部门相关负责人，组成供应商评估和选择小组。

步骤二：确定全部供应商名单

案例中的 A 公司资料库中已经存在合作的供应商，因此，小周可以在原有的基础上进行供应商的选择。A 公司使用了信息化手段进行供应商管控，小周首先登录公司信息系统，进入基础数据－供应商与客户界面，导出并整理供应商基本信息，以便后续进行供应商的分析和选择。供应商与客户界面如图 3‑33 所示。

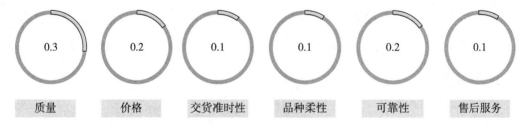

图 3‑33　供应商与客户界面

步骤三：列出评估指标并确定权重

在进行选择时，A 公司评估指标包括质量、价格、交货准时性、品种柔性、可靠性和售后服务，其权重分别为 0.3、0.2、0.1、0.1、0.2 和 0.1。供应商评估指标及权重如图 3‑34 所示。

0.3	0.2	0.1	0.1	0.2	0.1
质量	价格	交货准时性	品种柔性	可靠性	售后服务

图 3‑34　供应商评估指标及权重

步骤四：逐项评估各供应商的履行能力

各部门相关成员对供应商进行考察，确定各项评估指标的评分结果，采购部小周整理得出 3 个供应商在质量、价格、交货准时性、品种柔性、可靠性、售后服务的评分，如表 3‑16 所示。

表 3‑16　　　　　　　　　　　供应商各项指标得分

评估指标	供应商 A（分）	供应商 B（分）	供应商 C（分）
质量	9	8	8
价格	8	7	9
交货准时性	7	8	6
品种柔性	8	6	9

续表

评估指标	供应商 A（分）	供应商 B（分）	供应商 C（分）
可靠性	9	8	6
售后服务	8	6	7

步骤五：综合评分并确定供应商

根据供应商评估的加权指数计算供应商综合评分，如表 3－17 所示。

表 3－17　　　　　　　　　　　供应商综合评分

评估指标	评估权重	评估数值		
		供应商 A（分）	供应商 B（分）	供应商 C（分）
质量	0.3	9	8	8
价格	0.2	8	7	9
交货准时性	0.1	7	8	6
品种柔性	0.1	8	6	9
可靠性	0.2	9	8	6
售后服务	0.1	8	6	7
综合得分		8.4	7.4	7.6

根据上表得出，供应商 A 的得分是 8.4 分，供应商 B 的得分是 7.4 分，供应商 C 的得分是 7.6 分，供应商 A 的得分最高，显而易见，应选择供应商 A 作为本次项目的供应商。

 素养园地

创新、合作、共赢！H 集团供应商大会重塑高质量发展样板！

2022 年 11 月 1 日，H 集团供应商大会隆重举行，集团党委书记、董事长发表重要讲话，并与优秀供应商代表围绕"重塑高质量，共赢新时代"主题，深刻探讨战略合作伙伴关系建设，共绘共生共赢的美好前景。会上，集团对 30 家优秀供应商进行了表彰。

"作为携手共进的伙伴，希望供应商在合作的过程中多给我们提出宝贵的意见和建议，及时指出我们工作中的不足，我们会及时将问题处理情况反馈给各位，以促进合作更加务实高效。"董事长坦言，尽管供应商和集团是不同的利益主体，合作过程中也有谈判与争论，但大家的最终利益和最终追求是一致的，那就是让用户满意、促事业进步、求发展壮大。所以，站在用户需求的角度判断未来的市场趋势，不失为求得生存与发展的一个重要法宝。因此，供应商要不断学习名企、强企的先进管理和技术，优化提高产品质量、服务质量。携手构建"战略互信、价值共生、利益共享、和谐共融、共生共赢"的产业生态圈。

面向现代化、面向世界、面向未来、面向数字化新经济时代，H 集团进一步明确实

现千万辆、千亿元级国际化名牌强企的发展目标，为产业链的合作伙伴提供了更强大的发展平台，也是产业链全体成员必须共同瞄准实现的奋斗目标。董事长强调，集团将学习贯彻党的二十大精神，把思想和行动统一到党中央决策部署上来，发挥产业链"第一火车头"引领带动作用，不忘产业报国的初心，牢记为人民对美好生活向往的使命，重塑产业高质量，进一步践行"战略互信、创新进取、共创共享、高质量发展"的经营理念，与优质合作方一道弘扬"听党话、行正道、勇担当、创大业"的精神，倾力打造行业高质量发展的样板。

任务 2　制订项目采购计划

任务导入

通过比较分析各个供应商，小周最终选择了供应商 A 和供应商 B，并上传至采购系统，由领导审核。经过了比较采购成本和分配采购数量后，小周应该如何制订项目采购计划？

基础知识

一、采购计划的概念

采购计划有广义和狭义之分。

广义上的采购计划是指为保证供应各项生产经营活动的物资需要量而编制的各种计划的总称。

狭义的采购计划是指年度采购计划，即对企业计划年度内生产经营活动所需采购的各种物料的数量和时间等所做的安排和部署。

二、采购计划的分类

采购计划从不同角度可以分为不同类型，具体如图 3 - 35 所示。

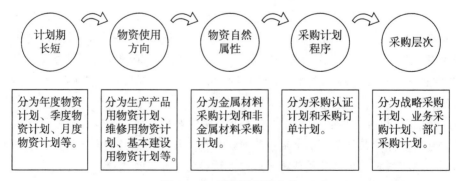

图 3 - 35　采购计划的分类

三、制订采购计划的依据

1. 年度营销计划

除非市场供不应求，否则企业年度的经营计划多以营销计划为起点，而营销计划的拟定，又受销售预测的影响。销售预测的决定因素包括：①外界的不可控制因素，如国内外经济发展、技术发展、竞争者情况等；②内部不可控因素，如财务状况、技术水准、厂房设备、原材料和零部件供应情况、人力资源及企业声誉等。

2. 年度生产计划

一般而言，生产计划源于营销计划，如果营销计划过于乐观，将使产量变成存货，造成企业的财务负担；反之，过度保守的营销计划，将使产量不足以供应客户所需，丧失了创造利润的机会。因此，常因营销人员对市场需求量估算失当，造成生产计划朝令夕改，也使得采购计划与预算必须经常调整修正，物料供需长久处于失衡状态。

3. 物料清单

生产计划只列出产品数量，而无法知道某种产品所用的物料种类和数量，因此确定采购数量时还要借助于物料清单。

BOM 即物料清单，是定义产品结构的技术文件，在 MRPⅡ（制造资源计划）或 ERP（企业资源计划）系统中，“物料”一词有着广泛的含义，它是原材料、配套件、协作件、半成品、在制品和易耗品等与生产有关的物资的统称。物料清单由产品部门或研发部门制定，根据物料清单可以精确计算每种产品的物料需求数量。BOM 物料清单模板如图 3－36 所示。

BOM物料清单模板

项目名称:								项目负责人:			
产品名称:								版本号:			
序号	种类	物料编码	物料名称	规格型号	数量	单价	金额	生产日期	使用位置	供应商	备注

图 3－36　BOM 物料清单模板

4. 存量管制卡

由于采购数量必须扣除库存数量，因而，存量管制卡记载的准确性也会影响采购计划的合理性，包括料账是否一致、物料存量是否全为良品。若账上数量与仓库台架上的数量不符，或存量中并非全数皆为规格正确的物料，这将使库存量高于实际可取用数量，故采购计划中的应购数量将会偏低。存量管制卡样式如图 3－37 所示。

5. 物料标准成本的设定

企业在编制采购预算时，不易预测拟购物料的价格，所以多以标准成本替代。如果该标准成本的设定，缺乏具有借鉴意义的采购资料作为依据，也无工程人员严密精确地计算原材料、人工及制造费用等组合或生产的总成本，则采购预算的正确性会降低。因

存量管制卡

卡号：

产品名称		物料编号			请购点			安全存量	
规格		存放	库号：架位：		一次请购量			采购前置时间	
日期	凭证号码	摘要	入库		出库		结存数量	请（订）购量						备注

日期	凭证号码	摘要	入库 收	入库 欠收	出库 收	出库 欠收	结存数量	订购量	订购单号	订购日	请求交货日	实际交货日	交货量	备注

图 3-37　存量管制卡样式

而，标准成本与实际购入价格的差额，就是采购预算准确性的评估指标。

6. 生产效率

生产效率会使预计的物料需求量与实际的耗用量产生误差。产品的生产效率降低，会导致原材料的单位耗用量升高，从而使计划的采购数量低于生产所需数量。

7. 价格预期

企业在编制采购金额预算时，常对物料价格涨跌幅度、市场景气情况等多加预测，甚至将其列为调整预算的因素，而个人主观判断与现实情况常有差距，也会造成采购预算的偏差。

四、制订采购计划的目的

制订采购计划的目的如图 3-38 所示。

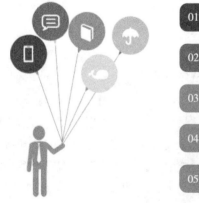

01　预计物资需求时间与数量，防止供应中断，影响产销活动

02　避免物资储存过多，积压资金，占用仓库空间

03　配合企业生产计划与资金调度

04　采购部门应事先准备，选择有利时机购入物资

05　确定物资耗用标准，以便管制物资采购数量及成本

图 3-38　制订采购计划的目的

五、制订采购计划的步骤

采购计划由编制采购认证计划和编制采购订单计划两部分组成。

1. 编制采购认证计划

步骤一：准备认证计划

（1）接收开发需求

在目前的采购环境中发掘供应商或寻找新的供应商。

（2）接收余量需求

当目前的采购环境容量不足以支持企业的物料需求，或采购环境有下降趋势，导致采购环境容量缩小，无法满足采购需求时，会产生余量需求，这就要求扩容采购环境。

（3）准备认证环境资料

认证环境，通常指的是一个用于测试、验证和认证的模拟或实际环境，它可以模拟真实的业务场景，用于测试系统、软件或服务的性能、安全性等。订单环境指的是实际的业务运行环境，包括处理客户订单、支付、物流等实际操作的系统和流程。

①收集和准备认证环境的资料。

系统文档：包括系统架构图、配置说明、用户手册、API（应用程序编程接口）文档等。

测试计划：详细描述测试的目标、范围、方法、时间表和资源需求。

测试用例：根据认证要求编写的测试用例和测试脚本。

安全策略：包括数据保护、访问控制、加密措施等与安全相关的策略和措施。

合规性文件：相关的法律法规、行业标准、认证要求等文件。

审计日志：系统操作的记录，用于追踪和审计。

②准备订单环境的资料。

业务流程图：详细描述订单处理的各个环节和流程。

操作手册：指导如何使用订单系统的操作手册和 FAQ（常见问题解答）。

客户反馈记录：收集客户在使用订单系统过程中的反馈和建议。

性能报告：系统在实际运行中的性能监控报告和优化记录。

维护记录：系统的维护和更新记录。

（4）制定认证计划说明书

认证计划说明书包括物料项目名称、需求数量、认证周期、开发需求计划，余量需求计划、认证环境资料等内容。

步骤二：评估认证需求

（1）分析开发需求

分析开发需求包括分析数量上的需求及掌握物料的技术特征。

（2）分析余量需求

根据余量需求的类型及造成余量需求的原因，采取不同的策略。例如，由于市场原因造成的，可通过生产计划需求及市场需求得到每种物料的需求量。

（3）确定认证需求

根据开发需求及余量需求的分析结果确定认证需求。

步骤三：计算认证容量

（1）分析项目认证资料

根据认证项目准备相应的认证资料。例如，认证项目的物料若是多种物料中的某几种，则需要掌握这几种物料的认证资料。

（2）计算总体认证容量

在供应商认证合同中，应说明认证容量与订单容量的比例，防止供应商只做批量订单，不做样件认证。

$$总体认证容量＝采购环境中所有供应商的认证容量的总和$$

（3）计算承接认证量

承接认证量即当前供应商正在履行的认证合同量，可借助电子信息系统，模拟显示供应商已承接认证量，为认证决策提供依据。

（4）确定剩余认证容量

剩余认证容量即某种物料所有供应商的剩余认证容量的总和。

$$剩余认证容量＝物料供应商总体认证容量－承接认证量$$

步骤四：制订认证计划

（1）对比认证需求和认证容量

当认证需求小于认证容量时，直接按照认证需求制订认证计划；如果认证容量小于认证需求，则需进行认证综合平衡，对于剩余认证需求需要制订采购环境之外的认证计划。

（2）综合平衡

从全局出发，综合考虑市场、消费者需求、认证容量、商品生命周期等要素，判断认证需求的可行性，通过调节认证计划尽可能地满足认证需求，并计算认证容量的缺口。

（3）确定余量认证计划

对采购环境不能满足的剩余认证需求，必须进行分析并提出对策，且确认采购环境之外的供应商认证计划。

（4）确定认证物料数量和开始认证时间

确定认证物料数量及开始认证时间的方法如下：

$$认证物料数量＝开发样件需求数量＋检验测试需求数量＋样品数量＋机动数量$$
$$开始认证时间＝要求认证结束时间－认证周期－缓冲时间$$

采购认证计划示例如图 3-39 所示。

2. 编制采购订单计划

步骤一：准备订单计划

（1）接收市场需求

市场需求是启动生产供应程序流动的牵引项，要想制订比较准确的采购订单计划，首先必须熟知市场需求计划或市场销售计划。对市场需求进行进一步分解便得到生产需

序号	主　项							次　项						现存订单容量	认证容量预测	备注
	物料编码	名称	型号描述	年需求量	单位	开始日期	完成日期	样品图纸	技术规范	工艺路线	工艺指令	配料清单	巡回文档	隶属产品			
1																	
2																	
3																	
合计																	
制定			日期			审核			日期			批准			日期		
认证计划编号			制定部门			任务来源编号/说明			来源部门								

图 3‐39　采购认证计划示例

求计划。

（2）接收生产需求

生产需求也可以称为生产物料需求。生产物料需求的时间是根据生产计划而产生的，通常生产物料需求计划是订单计划的主要来源。为了更好地理解生产物料需求，采购计划人员需要熟知生产计划和工艺常识。编制生产物料需求计划主要包括：决定毛需求、决定净需求、对订单下达日期及订单数量进行计划。

（3）准备订单环境资料

订单环境资料主要包括：订单物料的供应商信息、订单比例信息、最小包装信息、订单周期。订单周期是指从下单到交货的时间间隔，一般以天为单位。订单环境一般使用信息系统管理。

（4）制定订单计划说明书

制定订单计划说明书也就是准备好订单计划所需要的资料，其主要内容包括：订单计划说明书（物料名称、需求数量、到货日期等）、市场需求计划、生产需求计划、订单环境资料等。

步骤二：评估订单需求

（1）分析市场需求

市场需求和生产需求是评估订单需求的两个重要方面。采购部门必须仔细分析市场签订合同的数量、还没有签订合同的数量（包括没有及时交货的合同）等一系列数据，同时研究其变化趋势，全面考虑要货计划的规范性和严谨性，还要参照相关的历史要货数据，找出问题所在。

（2）分析生产需求

分析生产需求，首先要研究生产需求的产生过程，其次再分析生产需求量和要货时间。对企业不同时期产生的不同生产需求进行分析是很有必要的。

（3）确定订单需求

可根据市场需求和生产需求的分析结果确定订单需求。通常来讲，订单需求的内容是在未来指定的时间内，通过订单操作手段将指定数量的合格物料采购入库。

步骤三：计算订单容量

（1）分析项目供应资料

在采购过程中，物料和项目是整个采购工作的操作对象。对于采购工作来讲，拟采购物料的供应商信息是非常重要的信息资料。如果没有供应商供应物料，那么无论是生产需求还是紧急的市场需求，一切都无从谈起。企业的采购人员充分收集了相关信息，在下达订单计划时就能做到有的放矢。

（2）计算总体订单容量

总体订单容量是多方面内容的组合，一般包括两个方面的内容：可供给的物料数量、可供给物料的交货时间。

（3）计算承接订单容量

承接订单容量是指某供应商在指定的时间内已经签下的订单量。

（4）确定剩余订单容量

剩余订单容量是指某物料所有供应商群体的剩余订单容量的总和。可用公式表示为：

剩余订单容量＝某物料供应商群体总体订单容量－已承接订单量

步骤四：制订订单计划

（1）对比需求与容量

如果经过对比发现需求小于容量，即无论需求多大，容量总能满足需求，则企业要根据物料需求制订订单计划；如果供应商的容量小于企业的物料需求，则要求企业根据容量制订合适的物料需求计划，这样就产生了剩余物料需求，需要对剩余物料需求重新制订认证计划。

（2）综合平衡

综合考虑市场、生产、订单容量等要素，分析物料订单需求的可行性，必要时调整订单计划，计算容量不能满足的剩余订单需求。

（3）确定余量认证计划

为了保证物料及时供应，此过程可以通过简化认证程序，由具有丰富经验的认证计划人员进行操作。

（4）制订采购订单计划

一份采购订单包含的内容有下单数量和下单时间两个方面：

下单数量＝生产需求量－计划入库量－现有库存量＋安全库存量

下单时间＝要求到货时间－认证周期－订单周期－缓冲时间

素养园地

M集团将打造高质量供应生态圈

2022年10月27日，M集团2023年度采购与供应链大会在某国际大酒店举行，来自全国各地的220多家供应合作伙伴、14家特邀企业以及20家M集团原辅料种植基地所在地的政府工作人员，以"线上＋线下"的形式参会。

从"商"到"链"再成"圈"，M集团正在提升找到优质供应链的能力，继续推进采供体系改革和供应链现代化建设，打造高质量供应生态圈。

此外，M集团党委书记、董事长在大会上提出，M集团要打造相互支撑的"产业圈"、配套的"朋友圈"、产融结合的"生态圈"和共担社会责任的"公益圈"。

2022年3月10日，在M集团2022年度采购和供应链大会上，集团负责人提出要求建立完善采购供应的标准体系，加快构建供应链生态圈。

"7个月过去，我们逐项攻坚，部署的基础性任务全部如期完成。"集团负责人宣布。

同时，标准体系的建立也在倒逼供应商不断改进质量。《M集团2022年度采购与供应工作报告》显示，M集团采购规模达到114.59亿元，重点对关键物资建立涵盖供应商准入、技术、质量和验收等内容的标准12项，其中"高粱""小麦"等10项原材料标准达到国际领先水平，"陶瓷制品""玻璃制品"等9项标准达到国内领先水平。

对于数字链，集团负责人表示，要建设一条技术领先、创新领跑、全域协同的供应链。"将整个集团产供销所有链条进行数字化，我们已有一些突破性的进展。"大会上还透露，自2022年3月31日上线试运行的线上智慧平台成效显著，2022年年底含税收入可超100亿元，M集团还在用一些先进的技术开发新项目，2023年会陆续推出。

任务3　采购订单处理与跟进

任务导入

采购计划完成后，按照采购计划的产品数量和已确定的供应商，商务部门与供应商签订合同。采购部门主管要求小周负责本次采购项目订单的跟进和处理，根据采购计划内容，小周登录公司采购管理系统，向上级领导发起请购确认。

小周应该怎样进行订单的处理和跟进呢？

📖 **基础知识**

一、采购流程（见图3‑40）

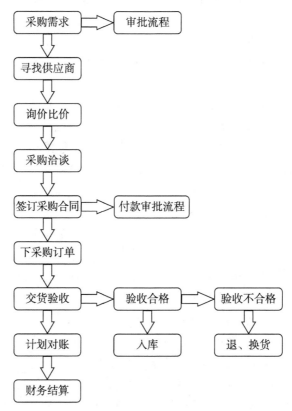

图3‑40 采购流程

二、采购需求的提请

1. 采购需求的发出

采购需求往往以请购单的形式提出，主要包括以下三个方面内容，如图3‑41所示。

2. 采购需求审核

需求说明就是在确认需求后，对需求的细节，如品质、包装、售后服务、运输及检验方式等，加以说明和描述。采购部门如果不了解使用部门到底需要什么，就不能进行采购。因此，采购部门必须审核请购单。

审核内容应该包括：需求时间；编号；申请部门；涉及的金额；申请理由；对于所需物品的完整描述以及所需数量；特殊说明；申请人的签字。

××有限责任公司请购单如图3‑42所示。

生产订单需求

由生产部负责，一般不用提出申请，可直接发出采购任务；主要通过产品BOM得出物料原始需求，然后结合物料实际库存情况得出物料需求。

仓库辅料需求

由仓储部负责，一般需要提出采购申请；查看该物料的库存量，当库存量低于最低库存量时，就需要提出采购申请。

办公用品需求

由行政部负责，对需要采购的办公用品进行统计，然后提出采购申请；根据行政部的统计情况，从节约角度出发核算年度（月度）办公用品需求情况。

图 3‑41　采购需求的内容

XX 有限责任公司 请购单

年　　　月　　　日

申请部门		需求时间				
申请理由						
采购项目描述	名称	规格	单位	数量	单价	合计金额	备注
预算情况	年度预算	已用预算		部门可用预算		尚余预算	

董事长：　　　总经理：　　　分管副总：　　　会计：　　　部门主管：　　　申请人：

图 3‑42　请购单样例

三、选择供应商

订单准备工作完毕后，采购人员的下一步工作就是最终确定本次采购活动的供应商。选择供应商的流程如图 3‑43 所示。

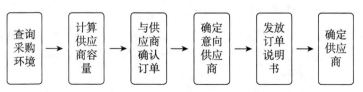

图 3‑43　选择供应商的流程

四、与供应商签订采购订单

1. 制作订单

有采购信息管理系统的企业，采购人员直接在系统中生成订单；在其他情况下，需要订单制作者自选编排打印。通常企业都有固定的订单格式，而且这种格式是供应商认可的，采购人员只需在订单中填写相关参数（物品名称、编号、单位、数量、单价、总价、交货期等）及一些特殊说明后，即完成订单制作。

2. 审批订单

审批订单是订单操作的重要环节，一般由专职人员负责。主要审查内容如下：

①订单上的物品描述与请购单上的要求是否相符；

②订单与采购计划是否相符；

③所选供应商是否为经确认的合格供应商；

④价格是否在允许范围内，交货期是否符合订单计划的到货时间要求等。

3. 与供应商签订订单

经过审批的订单，即可传至供应商确认并签字盖章。签订订单的方式有以下4种：

①与供应商面对面确认订单，买卖双方现场签字盖章；

②采购人员使用传真机将打印好的订单传至供应商，并且供应商以同样方式传回；

③用电子邮件进行订单确认，买方通过电子邮件向供应商发送订单，表示接受订单并完成签字；

④建立专用的订单信息管理系统，完成订单信息在买卖双方之间的传递。

4. 执行订单

在完成订单的签订后，即转入订单的执行。加工型供应商要进行备料、加工、组装、调试等工作；存货型供应商只需从库房中调集相关产品并进行适当处理，即可送往需求方。

五、订单跟踪

订单跟踪的目的有三个方面：促进合同正常执行、满足企业的物料需求、保持合理的库存水平。在实际订单操作过程中，合同、需求、库存三者之间会产生矛盾，突出的表现为：由于各种原因合同难以执行、需求不能满足导致缺料、库存难以控制。恰当地处理供应、需求、缓冲余量之间的关系是衡量采购人员能力的关键指标。

1. 安排跟单人员

跟单是检查供应商的交付计划并识别可能出现的问题的过程，采购部门可以根据本部门的结构选择合适的方法并安排跟单人员。

2. 完善跟单系统和跟单机制

采购部门应该形成一套完整的催货系统和催货机制，以保证催货工作有条不紊地进行。并非所有的订单都需要催货，因此为了便于催货，可以将订单进行分类。订单类别与跟催要求如表3-18所示。

表 3-18 　　　　　　　　　　　　　　　　　订单类别与跟催要求

订单类别	跟催要求
A 类订单	非常重要的，值得进行供应商访问的订单，以保证订单履行
B 类订单	需要通过电话或电子邮件提醒供应商的订单
C 类订单	只有当供应商不能按合同要求及时发运时才进行催促的订单
D 类订单	只有在有特殊要求时才进行跟踪的订单

3. 订单执行前的跟进

对于采购企业而言，同一物料往往有几家供应商可供选择，独家供应商的情况很少。尽管每个供应商都有分配比例，但在具体操作时可能遇到由各种原因造成的拒单，由于时间变化，供应商可能提出改变认证合同条款，包括价格、质量、交货期等。跟单人员应充分与供应商进行沟通，确定本次可供应物料的供应商，如果供应商按时签返订单，则可以确定好供应商；如果选定的供应商拒绝接受订单，则还需在采购环境里另外选择其他供应商，必要时要求认证人员和质量人员的协助。与供应商正式签订的合同要及时存档，以备后续查验。

4. 订单执行中的跟进

（1）严密监控供应商准备物料的详细过程

在监控过程中发现问题要及时反馈，需要中途变更的要立即解决，不可延误。不同种类的物料，其准备过程也不同，总体上可分为两类：

①供应商按照样品或图纸特制的物料，需要加工过程，周期长、变数多；

②供应商有存货，不需要加工过程，周期短。

前者跟踪过程复杂，后者相对比较简单。

（2）紧密响应生产需求形势

如果因市场生产需求紧急，要求本批物料立即到货，应马上与供应商协商，必要时可和供应商一起解决难题，保证需求物料的准时供应。有时市场需求出现滞销，企业经研究决定延缓或取消本次订单物料供应，跟单人员也应尽快与供应商进行沟通，确定其可承受的延缓时间，或终止本次订单操作，给供应商相应的赔款。

（3）慎重处理库存控制

库存水平在某种程度上体现了跟单人员的水平，既不能让生产缺料，又要保持最低的库存水平，这确实是一项难题，跟单人员的经验如何，在此一见高低。当然，库存问题还与采购环境的柔性有关，这个方面能反映出认证人员的水平。库存问题还与计划人员有关。

（4）控制好物料验收环节

物料到达订单规定的交货地点进行验收，国内供应商的交货地点一般是企业原材料库房，国外供应商的交货地点一般是企业国际物流中转中心。在境外交货时，供应商在交货前会将到货情况表单传真给跟单人员，跟单人员应按照订单对到货的物品、批量、单价及总金额等进行确认，并录入归档，办理付款手续。境外的付款条件可能是预付款或即期付款，一般不采用延期付款，与供应商"一手交钱，一手交货"，因此跟单人员必须在交货前把付款手续办妥。

5. 采购订单执行后跟踪

（1）采购货款结算

采购方应按合同规定的支付条款对供应商进行付款，并进行跟踪。订单执行完毕的柔性条件是供应商收到本次订单的货款，如果供应商未收到货款，跟单人员有责任督促付款人员按照流程规定加快操作，否则会影响企业信誉。

（2）使用物料过程中的问题处理

物料在使用过程中，可能会出现问题，偶发性的小问题可由采购人员或现场验收人员联系供应商解决，重要的问题可由质检人员、认证人员解决。

案例参考

与供应商签订合同参考案例

与供应商签订合同

任务实施

步骤一：请购确认

小周在公司 SD（销售与分销）系统发起采购申请，填写完善项目编号、经营单位、预算部门、所属部门、申请人、期望到货日期等内容。SD 系统采购申请如图 3 - 44 所示。

图 3 - 44 SD 系统采购申请

小周在 Excel 中修改采购数量、价格和供应商后，导入生成采购申请。SD 系统采购申请新建如图 3 - 45 所示。

采购 >> 采购申请 >> 新建

项目：	！	
供应商：	！	--请选择--
订单类型：		标准采购
订单种类：		标准
库存预测天数：	！	21
附属编号：		
收货仓库：	！	
收货仓库地址：	！	--请选择--
采购日期：	！	2017-12-20
到期日期：		
预计到货日期：		
采购申请备注：		

图 3－45　SD 系统采购申请新建

系统可以根据项目、供应商、库存预测天数等分析采购计划，建议订单。

修改采购报价后，提交采购申请单，随后申请单状态为待审核。SD 系统采购申请管理如图 3－46 所示。

采购 >> 采购申请 >> 管理

流水号 　　　　　　平台　　　　　　项目

查询　新建　快速新建　修改　删除　提交　复制▼　浏览　导出▼　订单导入　用发DIS订单导入　益海嘉里KDS订单导入

总数量：0　总金额：0

| 金额 | 币种 | 制单人 | 状态 | 提交状态 |
| | 人民币 | 林华梅 | 待审核 | |

图 3－46　SD 系统采购申请管理

步骤二：采购审核

部门领导及财务负责人对订单进行审核。SD 系统采购申请审核后界面如图 3－47 所示。

图 3 - 47   SD 系统采购申请审核后界面

步骤三：制定订单合同

根据 A 公司对合同制定的要求，合同内容力求具体明确、便于执行、避免不必要的纠纷。

A 公司固有的订单合同格式如下：

一、首部

①名称——如生产用原材料采购合同、设备采购合同、售后服务合同等。

②编号——每份合同都必须有一个编号，不应重复或遗漏。不同的企业，编号方法和规则也有所不同。

③合同签订时间和签订地点——合同执行过程中一旦产生纠纷并需要诉诸法律时，这将是重要的因素，也有的合同将签订时间和签订地点放在合同尾部。

④买卖双方的名称——买卖双方的名称必须是全称，并与企业营业执照上的名称一致。名称可以用"甲方、乙方"（或"买方、卖方""供方、需方"等）来做简称，但是，要匹配起来。

⑤合同序言。

二、正文

1. 采购标的物的名称

2. 品质

3. 价格条款

4. 数量

5. 包装

6. 装运条件

7. 到货期限

8. 交货地点

9. 检验

10. 支付条款

11. 保险

12. 违约责任

13. 仲裁

14.不可抗力

15.合同的变更和解除条件

三、尾部

1.合同的份数

2.附件与合同的关系

3.合同的生效日期和终止日期

4.双方的签名和公章

根据上述要求，小周着手制定采购合同，对不同原材料分别拟定原材料购销合同，由商务部门与选定供应商洽谈后，签订合同。

合同范本如图 3-48 所示。

购 销 合 同

买方：　　　　　　　　　　　　　　　　　卖方：
地址：　　　　　　　　　　　　　　　　　地址：
电话：　　　传真：　　　　　　　　　　　电话：　　　传真：

经双方友好协商，达成购买协议，并按下列条款签订本合同。

品名、规格、数量和价格：

品名	规格	单位	单价（元）	数量（个）	总价（万元）	交货期
瓶盖	3025 口径 ≤2g/个	个	0.045	2200000	99000	收到买方订单后一周内发货
合计金额人民币大写：玖万玖仟元整						

注：

1.以上价格含运费，开具17%增值税。

2.质量标准：行业标准。保质期一年。样式、颜色，以双方确认并封存样品为准。如因卖方生产原因造成的质量问题，由卖方确认后，废品返给卖方，卖方如数补齐，卖方应保证所使用的原材料（北京燕化 3300J）符合买方要求，对未曾使用过的原辅材料的变更，必须提前书面报买方确认。

3.瓶盖价格每吨上涨或下降 500 元以上，双方共同协商重新调整单位价格，涨价基数为 11500 元/吨。卖方不得以任何理由拒接买方订单。不可抗力除外。

4.支付条款。

4.1 付款时间：买方提前一周给卖方下订单并预付 30%预付款，卖方在一周内备齐货物，卖方收到买方全额货款后发货，每次发货为一整车（200 万个以上）。

4.2 付款方式：电汇、银行承兑汇票、现金支票。

5.运输。

　A.交货时间：收到货款一周内。

　B.运输方式：汽运。

　C.交货地点：买方工厂。

　D.包装物：符合买方要求。

　E.运输费用：装车费用及运费由卖方承担，卸车费用由买方承担。

6.迟交货和迟付款。

6.1 如果不是由于买方原因或买方要求推迟交货而使卖方未能按本合同规定的交货期交货时（不可抗力除外）或如果不是由于卖方原因而使买方未能按本合同的规定付款，如果买卖双方对交货期或付款时间的展延未能达成协议，买方或卖方有权按下列比例向卖方或买方收取违约金：迟交或迟付第 1～4 周，每周罚迟交货物或迟付款金额的 0.5%；迟交或迟付 5 周及 5 周以上，每周罚迟交货物或迟付款金额的 1%；不满一周按一周计算。卖方或买方对于根据本合同承担的违约责任不论单项或多项累计将不超过合同总价的

图 3-48　矿泉水原料采购合同范本

5%。违约金的支付，并不解除违约一方继续履行合同的义务。

6.2 因买方原因要求中途退货，买方应向卖方偿付违约金，违约金最高不超过退货部分货款总值。

6.3 因卖方原因而不能交货，卖方应向买方偿付违约金，违约金最高不超过不能交货部分的货款总值。

7. 违约责任。

凡因本合同引起的或与本合同有关的任何争议，双方应通过友好协商解决，如果协商不能解决，均应提交给守约方仲裁委员会，并按照上述仲裁委员会的仲裁程序进行仲裁。仲裁裁决是最终的，对双方都有约束力。

8. 合同生效。

8.1 本合同自买卖双方签字盖章日起生效。

8.2 本合同以传真形式成立同样有效。

9. 其他。

本合同未尽事宜，按有关法律法规执行。

买方：   卖方：

（盖章）   （盖章）

授权人签字：_____   授权人签字：_____

日期：_____   日期：_____

图 3-48　矿泉水原料采购合同范本（续）

步骤四：申请付款

采购合同执行后，采购方应按合同规定的支付条款对供应商进行付款，并进行跟踪。小周需要对货款结算进行跟踪，他在公司 SD 系统中发起申请，选择付款申请类型、项目、付款单位、付款方式。SD 系统付款申请如图 3-49 所示。

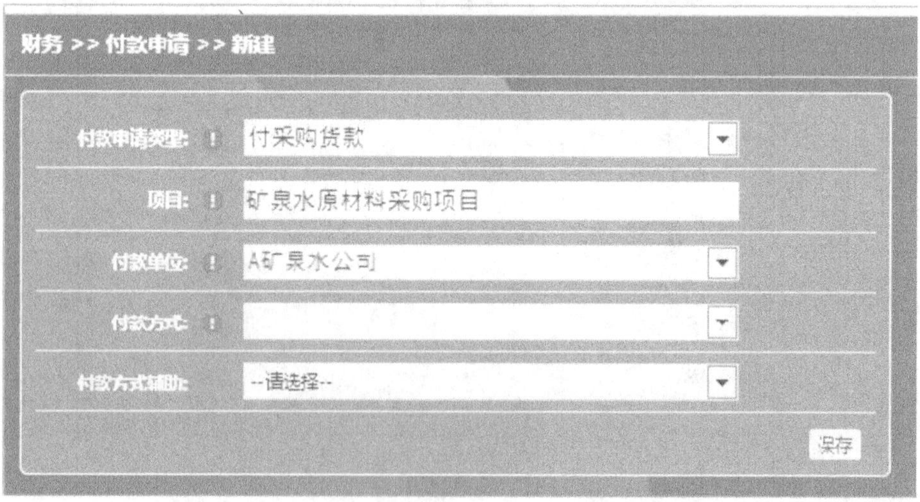

（a）

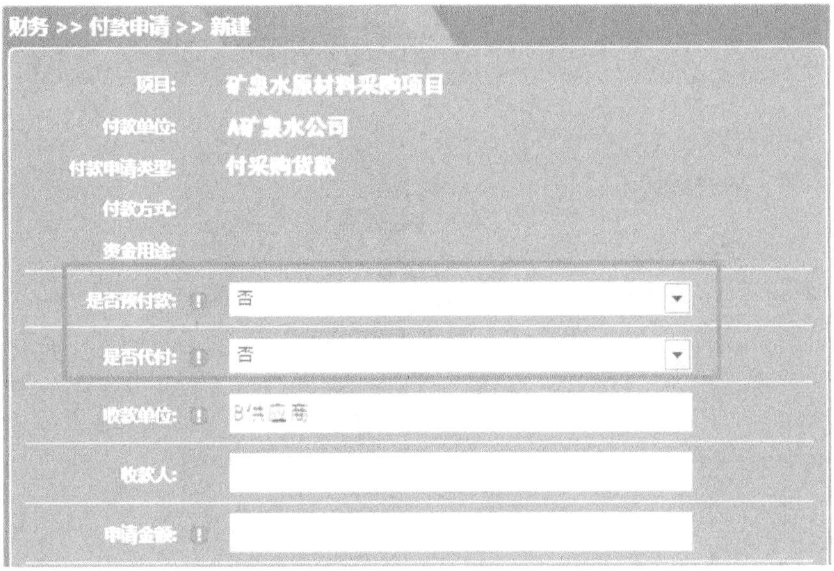

（b）

图 3－49　SD 系统付款申请

再写明申请金额、收款银行等基本信息，上传相关材料附件提交审核。SD 系统付款附件上传如图 3－50 所示。

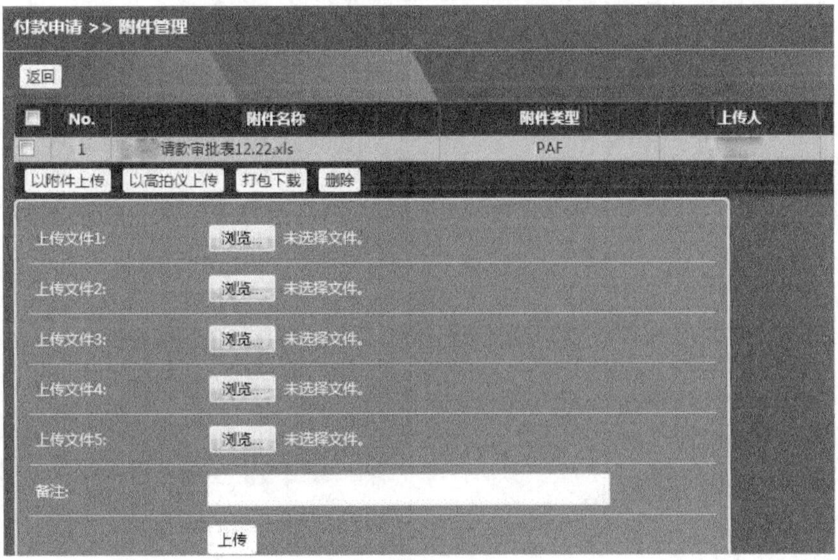

图 3－50　SD 系统付款附件上传

步骤五：审核付款

由平台负责人和平台财务负责人进行审核，审核通过后，进入付款程序。SD 系统付款审核界面如图 3－51 所示。

步骤六：汇款

OA（办公自动化）审核流程结束后，审核通过的付款申请单会生成对应的付款单，

图 3 - 51　SD 系统付款审核界面

小周选择的付款方式为银行汇票，经过以下流程可以进行银行汇票结算，如图 3 - 52 所示。

①汇款人委托银行办理汇票。

②银行签发汇票。

③汇款人使用汇票结算。

④持汇票进账或取款。

⑤通知汇票已解付。

⑥银行结算划拨。

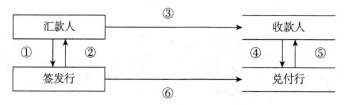

图 3 - 52　银行汇票结算的付款流程

汇票到期后付款单会自动确认，并生成凭证。

第四节　供应链项目物流配送管理

学习目标

知识目标：

1. 认识运输配送

2. 了解运输配送的基本作业流程

3. 了解降低配送成本的策略

技能目标：

1. 能够掌握运输配送计划的制订

2. 能够掌握控制运输配送成本的步骤

素养目标：

1. 培养学生节约成本的习惯
2. 培养学生的计划性思维

任务 1　制订运输配送计划

任务导入

B供应链公司仓储部小吴收到运输配送任务，将10000箱矿泉水从厦门送到上海。小吴应该如何制订运输配送计划？

基础知识

一、运输配送概述

1. 运输配送的定义

运输配送是指将被订购的货物使用汽车或其他运输工具从供应点送至客户手中的活动。该过程可能是从工厂等生产地仓库直接送至客户，也可能是通过批发商、经销商或由配送中心、物流中心转送至客户手中。运输配送通常是一种短距离、小批量、高频率的运输形式。单从运输的角度看，它是对干线运输的一种补充和完善，属于末端运输、支线运输。它以服务为目标，尽可能满足客户的要求。

2. 影响运输配送的因素

影响运输配送的因素很多，如表3-19所示。各种因素相互影响，很容易造成送货不及时、配送线路选择不当、延误交货时间等问题。因此，对运输配送的有效规划极为重要，否则不仅影响配送效率和信誉，而且将直接提高配送成本。

表 3-19　　　　　　　　　　　影响运输配送的因素

动态因素	车流量变化、道路施工、配送客户的变动、可供调动的车辆变动等
静态因素	配送客户的分布区域、道路交通网络、车辆运行限制等

3. 运输配送的特点

（1）时效性

快速及时，即确保在客户指定的时间内交货，这是客户最重视的因素，也是运输配送服务的充分体现。运输配送是从客户订货到交货的最后环节，也是最容易引起时间延误的环节。影响时效性的因素有很多，除配送车辆故障外，配送线路选择不当、中途客户卸货不及时等均会造成时间上的延误。因此，必须在认真分析各种因素的前提下，用系统化的思想和原则，有效协调，综合管理，选择配送线路、配送车辆和配送人员，使每位客户在其期望的时间内收到货物。

（2）安全性

运输配送的宗旨是将货物完好无损地送到目的地。影响运输配送安全性的因素有：货物装卸作业、运送过程中的机械振动和冲击及其他意外事故，客户地点及作业环境，配送人员的素质等。

（3）沟通性

运输配送末端服务。它通过送货上门服务直接与客户接触，是与客户沟通最直接的桥梁，代表着企业的形象和信誉，在供应链中起着非常重要的作用。因此，必须充分利用运输配送活动中与客户沟通的机会，巩固和发展企业的信誉，为客户提供更优质的服务。

（4）方便性

运输配送以服务为目标，尽可能满足客户的要求，因此，能让客户享受到便捷的服务。通过高弹性的送货系统，如紧急送货、顺路送货与退货、辅助资源回收等，为客户提供真正意义上的便利服务。

（5）经济性

实现一定的经济利益是企业运作的基本目标，因此，对合作双方来说，以较低的费用完成运输配送是企业建立双赢机制和加强合作的基础。所以不仅要为客户提供高质量、方便的运输配送服务，还必须提高运输配送的效率，加强成本控制与管理，为客户提供优质、经济的运输配送服务。

二、运输配送方式的选择

运输配送是较小批量、较短距离、运送次数较多的一种运输形式。它可能是从生产厂家直接到客户或其间再经过批发商、零售商，也可能是从配送中心送至客户，主要采用公路运输。运输配送方式的选择具有极强的灵活性，可根据各地区交通运输条件的不同、货物特性的差异及客户要求的不同加以选择（如对时间性要求的不同或货物的价值不同）。

1. 选择运输配送方式应遵循的原则

（1）最大限度满足客户需求

物流业是经济高度发展的产物，随着社会分工更趋细密、生产门类的专业化、经济单元的多样化及市场竞争的白热化，物流服务的需求者——客户对运输配送提出了更高的要求。不论是制造企业还是商业企业，为了确立和加强自己在市场竞争中的优势地位，无不在寻找着最佳途径。随着市场经济的日趋成熟，买方市场的形成已成定局，企业与商家竞争的焦点在于成本与服务质量，而合理的运输配送恰恰可以实现企业成本的降低和服务水平的提高。选择合理的运输配送方式，不但关系到物流企业自身的成本，更重要的是会直接影响物流服务需求者的利益。

（2）低成本、高服务水平

物流企业是为社会经济各部门提供服务的经济单元，但它也是追求利润最大化的企业，物流企业之间同样存在着激烈的竞争。物流企业的生存与壮大要求其能够提供低成本、高质量的服务。因此，最大限度满足客户需求是相对的，是要在成本允许的情况下。

（3）企业经济利益与社会经济效益并重

选择合理的运输配送方式不但直接影响企业自身的经济效益，而且影响整个社会的经济效益。例如，不合理的运输会造成运力的浪费，对企业而言是增加了无效成本，对社会而言是社会资源的无效减少。

2. 运输配送方式的类型

由于交通运输条件的不同、货物特性的差异及客户要求的不同，运输方式选择的合理性也就不尽相同。具体而言，运输配送方式主要包括以下几种类型。

（1）整车直送方式

汽车整车运输是指同一收货人要求一次性到达同一站点，且适合配送装运 3 吨以上货物的运输，或者货物重量在 3 吨以下，但其性质、体积、形状需要一辆载重 3 吨以上的车辆一次或一批运送到目的地的运输。

整车货物运输一般中间环节较少，送达速度快，运输成本较低。通常以整车为基本单位订立运输合同，以便充分体现整车运输配送的可靠、快速、方便、经济等特性。

（2）多点分运方式

多点分运是在保证满足客户要求的前提下，集多个客户的货物进行搭配装载，以充分利用运能、运力，降低配送成本，提高配送效率。

多点分运按行驶线路进行的分类如图 3－53 所示。

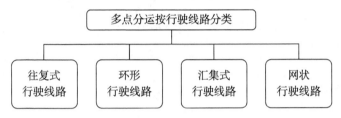

图 3－53　多点分运按行驶线路进行的分类

（3）快运方式

快件货运是指接受委托的当天 15 时起算，300 公里运距内，24 小时内送达；1000 公里运距内，48 小时内送达；2000 公里运距内，72 小时送达。

快运的特点如图 3－54 所示。

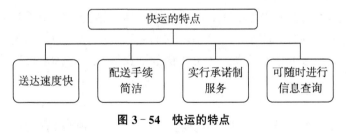

图 3－54　快运的特点

快运的基本形式如图 3－55 所示。

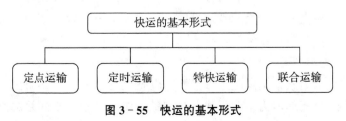

图 3－55　快运的基本形式

三、运输配送的基本作业流程

运输配送的基本作业流程如图3－56所示。

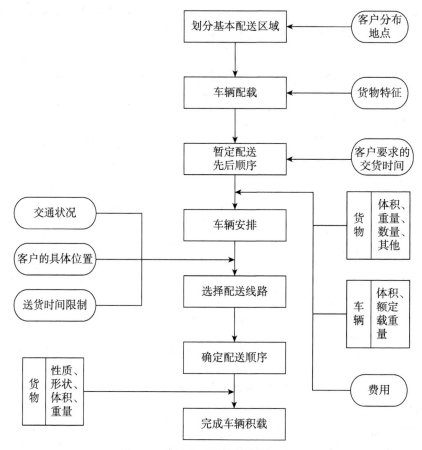

图 3－56　运输配送的基本作业流程

1. 划分基本配送区域

为使整个配送有可循的基本依据，应先将客户所在地的具体位置做系统统计，并将其作业区域进行整体划分，将客户囊括在不同的基本配送区域中，作为下一步决策的基本参考。如按行政区域或依交通条件划分不同的配送区域，在该区域划分的基础上再弹性调整配送安排。

2. 车辆配载

由于配送货物品种、特性各异，为提高配送效率，确保货物质量，在接到订单后，必须先将货物依特性进行分类，然后分别选取不同的配送方式和运输工具，如按冷冻食品、冷藏食品、常温食品等分类配载。另外，货物配送也有轻重缓急之分，必须按照先急后缓的原则，合理组织运输配送。

3. 暂定配送先后顺序

在考虑各种影响因素，确定配送方案前，应先根据客户订单要求的送货时间将配送的先后作业次序进行梳理，为车辆积载做好准备工作。计划工作的目的是保证达到既定目标，所以，预先确定基本配送顺序可以有效地保证送货时间，提高运作效率。

4. 车辆安排

车辆安排要解决的问题是安排什么类型和吨位的配送车辆进行配送。一般企业拥有的车辆有限，车辆数量亦有限，当本公司车辆无法满足要求时，可使用外雇车辆。在保证运输配送质量的前提下，是组建自营车队，还是以外雇车为主，须视经营成本而定。

外雇车辆与自有车辆的比较如图 3-57 所示。当运量小于 A 时，外雇车辆费用小于自有车辆费用，所以应选用外雇车辆；当运量大于 A 时，外雇车辆费用大于自有车辆费用，所以应选用自有车辆。但无论是自有车辆还是外雇车辆，都必须事先掌握有哪些车辆可供调派并符合要求，即这些车辆的容量和额定载重是否满足要求。安排车辆之前，还必须分析订单上货物的信息，如体积、重量、数量等对于装卸的特别要求，综合考虑各方面因素的影响，做出最合适的车辆安排。

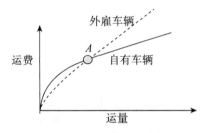

图 3-57　外雇车辆与自有车辆的比较

5. 选择配送线路

知道了每辆车负责配送的具体客户后，如何以最快的速度完成对货物的配送，即如何选择配送距离短、配送时间短、配送成本低的线路，这要根据客户的具体位置、沿途的交通情况等做出优先选择和判断。除此之外，还必须考虑有些客户或其所在地的交通环境在送货时间、车型等方面的特殊要求，如有些客户不在中午或晚上收货，有些道路在高峰期实行交通管制等。

6. 确定配送顺序

做好车辆安排及选择最好的配送线路后，依据各车负责配送的货物情况，确定最终的配送顺序。

7. 完成车辆积载

明确了配送顺序后，接下来就是如何将货物装车、以什么次序装车的问题，即车辆的积载问题。原则上，知道了配送顺序，只要将货物依"后送先装"的顺序装车即可。但有时为了有效利用空间，可能还要考虑货物的性质（怕震、怕压、怕撞、怕湿）、形状、体积及重量等做出弹性调整。此外，对于货物的装卸方法也必须依照货物的性质、形状、重量、体积等做具体安排。

在以上各阶段操作过程中，需要注意的事项如图 3-58 所示。

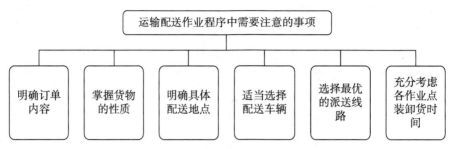

图 3-58　运输配送作业程序中需要注意的事项

四、运输配送计划的制订

1. 运输配送计划的内容

一份完整的、具有可操作性的运输配送计划应该由以下几个方面的内容构成。

①按日期安排用户所需货物的品种、规格、数量、送达时间、送达地点、送货车辆与人员等。

②优化车辆行走路线与运送车辆趟次，并将送货地址和车辆行走路线在地图上标明或在表格中列出。

③按客户要求的时间并结合运输距离确定启运提前期。

④按客户要求选择送达服务方式。运输配送计划确定后，向各配送点下达配送任务。依据计划调度运输车辆、装卸机械及相关作业班组与人员，指派专人将货物送达时间、品种、规格、数量通知客户，让客户按计划准备好接货工作。

2. 运输配送计划的制订

(1) 运输配送计划制订的依据

①客户订单。

客户订单对配送货物的品种、规格、数量、送达时间、送达地点、收货方式等都有要求。因此，客户订单是拟订运输配送计划最基本的依据。

②客户分布、送货路线、送货距离。

客户分布是指客户的地理位置分布，客户位置与配送中心的距离、配送中心到达客户收货地点的路径选择，直接影响配送成本。

③货物特性。

配送货物的体积、形状、重量、性质、运输要求，是选择运输方式、车辆种类、车辆载重、车辆容积、装卸设备的制约因素。

④运输、装卸条件。

道路交通状况、送达地点及其作业地理环境、装卸货时间、气候等对配送作业的效率也起相当大的约束作用。

⑤根据分日、分时的运力配置情况，决定是否要临时增减配送业务。

⑥调查各配送地点的货物品种、规格、数量是否适应配送任务的要求。

(2) 运输配送计划制订的影响因素

运输配送计划作为指导配送活动的方案，在配送方案设计中具有重要意义。运输配送计划的制订受以下因素的影响。

①配送对象（客户）。

客户是分销商、配送中心、个人消费者或连锁超市、便利店等业态中的一种或几种。

不同的客户其订货量不同，出货形态也不尽相同。比如分销商、配送中心等的订货量较大，它的出货形态大部分为整托盘出货，小部分为整箱出货；连锁超市的订货量其次，它的出货形态约 10% 为整托盘出货，60% 为整箱出货，30% 为拆箱出货；便利店的订货量较少，它的出货形态约 30% 为整箱出货，70% 为拆箱出货。

出货形态不一致，会影响理货、拣货、配货、配装、包装、送货、服务与信息等作业在人员、设备、工具、效率、时间和成本等方面的安排，也就是配送计划会有所不同。

②配送货物种类。

配送中心处理的货物品项数，多则几千甚至上万种，少则数十种，品项数不同，复杂性与困难性也不同。配送中心处理的货物种类不同，其特性也不完全相同。目前配送的货品主要集中在食品、日用品、药品、家用电器、服饰、化妆品、汽车零件及书籍等方面，它们具有各自的特性，配送中心的厂房硬件及物流设备的选择也存在差异。

③配送数量或库存量。

配送中心的出货数量、库存量、库存周期，影响配送中心的作业能力和设备的配置，也影响配送中心面积和空间的需求。因此，应对库存量和库存周期进行详细的分析。

④配送货物价值。

在进行运输配送计划预算或结算时，配送成本往往会按货物的比例分配。如果货物的价值高，则其配送成本百分比会相对较低，客户负担起来相对轻松；如果货物的单价低，则其配送成本百分比会相对较高，客户会感觉负担较重。

⑤物流渠道。

物流渠道模式如表 3-20 所示。

表 3-20　　　　　　　　　　　　　　物流渠道模式

模式	物流渠道
模式1	生产企业→配送中心→分销商→零售商→消费者
模式2	生产企业→分销商→配送中心→零售商→消费者
模式3	生产企业→配送中心→零售商→消费者
模式4	生产企业→配送中心→消费者

制订物流运输配送计划时，根据配送中心在物流渠道中的位置和上下游客户的特点进行规划。

⑥衡量物流服务水平的指标。

衡量物流服务水平的指标主要包括：交货时间、货品缺货率、增值服务能力等。配送中心应该针对客户的需求，制定一个合理的服务水准，使配送服务与配送成本均衡，达到客户满意。

⑦物流交货期。

物流交货期是指从客户下订单开始，经过订单处理、库存查询、集货、流通加工、分拣、配货、装车、配送至客户手中的这段时间。物流的交货期根据厂商的服务水准不同，可分为 9 h、12 h、2 天、3 天、1 周等。

素养园地

航空货运成为全球物流供应链中的重要一环

近年，随着传统货物运输与电商业务的蓬勃发展，作为连接生产和消费的重要渠道和发展现代产业体系的重要支撑，航空物流业迅速发展，市场需求逐年增长。特别是在新冠疫情影响全球供应链的情况下，航空货运以其快速高效的特点，成为全球物流供应链中的重要一环。

航空货运经过多年的发展，已经形成了客机腹舱载货与全货机两种重要的经营模式，航空公司和运营商根据自身的运营规划与货物类型选择其中一种或两种相结合的运营模式。从航空货运的货物类型看，全球市场目前还是以普通货物为主，快递物流为辅。但是随着全球经济复苏，全球贸易的进一步发展，根据空中客车 2022—2041 年的市场预测，电商业务将以年均 4.9% 的速率推动快递物流飞速增长，成为航空货运市场最重要的新增长点之一。到 2041 年，全球国际贸易额将达到 2022 年的两倍，而快递运输业务占比将达到航空货运整体市场份额的 25%。

国际贸易的增长为航空货运提供了强力的需求，进而推动了货机市场需求的增长，根据空中客车 2022—2041 年市场预测，全球在役货机机队数量到 2041 年将达到 3070 架，其中 2440 架货机将于未来 20 年逐步交付市场替换老旧机型并实现运力增长。在这 2440 架货机中，将有 1550 架由客机改装而来，另外 890 架将是全新制造的原厂货机。

当前，欧洲市场占据了全球国际贸易约 40% 的份额。而在以 RCEP（《区域全面经济伙伴关系协定》）为代表的区域性贸易协定的推动下，亚太地区经济贸易的发展速率将大大超过全球其他地区。未来，亚太地区将取代欧洲成为全球国际贸易最大的区域市场，而中国无疑将是推动亚太地区增长的最重要的市场之一。

就我国国内市场而言，目前国内航空公司全货机约有 200 架，仅占全球总量的 10% 左右。而到 2041 年，随着市场的增长，国内货机机队数量将达到 690 架，在全球市场占比将超过 20%，其中 630 架为新增货机，占全球新增货机数量 25% 以上。

未来在全球 2440 架新增货机中，空中客车根据市场情况预测将有 990 架为业载 10~40 吨的小型货机，另有 890 架为业载 40~80 吨的中型宽体货机，而业载大于 80 吨的大型宽体货机将达 560 架。

任务 2 控制运输配送成本

 **任务导入**

由于长期将运输配送工作外包，A 公司每年花费在运输配送上的费用都较高，项目部小王收到上级领导的要求，要项目部注意控制各项目的运输配送成本，并向公司提交运输配送成本控制的建议，那么，A 公司可以运用什么策略控制运输配送成本呢?

基础知识

一、运输配送成本的构成

运输配送成本由运输配送费用、分拣费用、配装费用、流通加工费用这四种费用构成。

1. 运输配送费用

运输配送费用的构成如表 3-21 所示。

表 3-21   运输配送费用的构成

分类	具体内容
车辆费用	是指车辆从事运输配送生产而发生的各项费用，具体包括驾驶员及相关人员的工资及福利费、燃料、轮胎、修理费、折旧费、车辆税费等
营运间接费用	是指营运过程中发生的不能直接计入各成本计算对象的站、队经费，包括站、队人员的工资及福利费、办公费、水电费、折旧费等，但不包括管理费用

2. 分拣费用

分拣费用的构成如表 3-22 所示。

表 3-22   分拣费用的构成

分类	具体内容
分拣人工费用	是指从事分拣工作的作业人员及相关人员工资、奖金、补贴等费用的总和
分拣设备费用	是指分拣机械设备的折旧费及修理费

3. 配装费用

配装费用的构成如表 3-23 所示。

表 3－23   配装费用的构成

分类	具体内容
配装材料费用	常见的配装材料有木材、纸张、自然纤维、合成纤维、塑料等，这些包装材料功能不同，成本相差很大
配装辅助费用	除配装材料费用外，还有一些辅助性费用，如包装标记、标志的印刷及拴挂物费用等的支出
配装人工费用	是指从事包装工作的工人及相关人员的工资、奖金、补贴等费用的总和

4. 流通加工费用

流通加工费用的构成如表 3－24 所示。

表 3－24   流通加工费用的构成

分类	具体内容
流通加工设备费用	流通加工设备因流通加工形式不同而不同，购置这些设备所支出的费用，以流通加工费用的形式转移到被加工产品中去
流通加工材料费用	是指在流通加工过程中，投入加工过程的材料消耗所需要的费用
流通加工人工费用	在流通加工过程中从事加工活动的管理人员、工人及有关人员工资、奖金等费用的总和

在实际应用中，应该根据运输配送的具体流程计算成本，不同的配送模式，其成本构成差异较大。相同的配送模式下，由于配送货物的性质不同，其成本构成差异也很大。

二、影响运输配送成本的因素

1. 运输距离

企业运输货物的距离直接影响运输配送成本。

2. 运输量

运输量是影响运输配送成本的一个重要因素，在其他条件相同的情况下，运输量越大，运输配送费用就越高。

3. 可堆码高度

运输货物时，还要考虑所运货物的形状、大小是否适合运输工具的货厢。货物的形状规则度越好，越容易安排货厢布局；如果货物形状不规则，则不能很好地利用货厢空间，容易造成空间浪费。

4. 装卸难度

货物的尺寸和重量都会影响货物的装卸，货物过重容易损坏，运输配送成本也就越高。

5. 运输责任

对于比较贵重的货物，运输承包商需要承担一定的运输责任，这也会增加运输配送成本。

6. 市场因素

随着市场上运输工具和运输企业的增多，同行之间在业务竞争时会采取价格竞争，这也间接影响企业的运输配送成本。

三、控制运输配送成本的方法

降低运输配送成本是供应链各节点企业进行运输管理要达到的经济目标。有效地控制运输配送成本，可以采取以下五种方法。

1. 选择合适的运输工具

企业在运输前，应根据货物的形状、重量、运输时效等因素选择合适的运输工具，提高运输方案的安全性、经济性和及时性，有利于控制运输成本。

2. 合理调派运输车辆

企业应根据发货量确定运输车辆的数量，以免出现运输车辆不足或过多的现象。

3. 优化仓库布局

合理优化仓库布局，可以有效地控制运输成本。

4. 开展货物集运方式

运输一批货物时，若货厢有多余的空间，则可以将其他相关联的货物安排在一起运输，避免运输货厢的闲置，节约运输成本。

5. 推行直运策略

直运策略可以避免运输配送过程中的许多环节，如库存管理、货物装卸等，可以有效地控制运输成本。但是此方法需要根据顾客的需求量确定。

四、降低运输配送成本的策略

1. 混合策略

混合策略是指配送业务一部分由企业完成，一部分由第三方物流完成。纯策略，即配送业务全部由企业完成或全部外包给第三方物流完成。虽然采用纯策略易形成一定的规模经济，并使管理简化，但由于产品品种多变、规格不一、销量不等等情况，采用纯策略的配送方式不仅不能取得规模效益，反而还会造成规模不经济。

而采用混合策略，能合理安排企业配送和第三方物流配送，使运输配送成本最低。

2. 差异化策略

当企业拥有多种产品线时，不能对所有产品都按同一标准的服务水平进行运输配送，而应按产品的特点和销售情况设置不同的库存、运输方式以及储存地点，忽视产品的差异性会增加不必要的运输配送成本。

3. 合并策略

(1) 配送方法上的合并

企业在安排车辆执行配送任务时，应充分利用车辆的容积和载重量，做到满载满装，这是降低成本的重要途径。因产品品种繁多，不仅包装形态、储运性能不一，在容重方面往往也相差甚远。一辆车上如果只装容重大的货物，只是达到了载重量的上限，但容积空余很多；若只装容重小的货物则相反，看起来车厢已经装满，实际上并未达到车辆载重量的上限。

这两种情况实际上都造成了浪费，如果能合理安排容积和容重搭配装车，不但能满载还能充分利用车辆的有效容积。

(2) 共同配送

共同配送是一种产权层次上的共享，也称集中协作配送，它是几个企业联合集小量为大量共同利用同一配送设施的配送方式，其标准运作形式是：在中心机构的统一指挥和调度下，各配送主体以经营活动（或以资产为纽带）联合行动，在较大的地域内协调运作，共同对某一个或某几个客户提供系列化的配送服务。

4. 延迟策略

在传统的配送计划下，大多数库存是按照对未来市场需求的预测量设置的，这样就存在着预测风险，当预测量与实际需求量不符时，就出现库存过多或过少的情况，从而增加运输配送成本。延迟策略的基本思想是对产品的外观、形状及其生产、组装、配送应尽可能推迟至接到客户订单后再确定，一旦接到订单就要快速反应。因此，采用延迟策略的一个基本前提就是信息传递要非常快。

实施延迟策略的企业应该具备的特征如表 3-25 所示。

表 3-25　　　　　　　　　　实施延迟策略的企业应该具备的特征

特征类型	具体特征
产品特征	模块化程度高，产品价值密度大，有特定的外形，产品特征易于表达，定制后可改变产品的容积和重量
生产技术特征	模块化产品设计、设备智能化程度高、定制工艺与基本工艺差别不大
市场特征	产品生命周期短、销售波动性大、价格竞争激烈、市场变化大、产品的提前期短

实施延迟策略常采用两种方式，生产延迟（或称形成延迟）和物流延迟（或称时间延迟），而配送过程中往往存在着加工活动，所以实施延迟策略既可以采用形成延迟方式，也可采用时间延迟方式。具体操作时，经常发生在贴标签（形成延迟）、包装（形成延迟）、装配（形成延迟）和配送（时间延迟）等领域。

5. 标准化策略

标准化策略就是尽量减少因品种多变而导致的附加配送成本，尽可能多地采用标准零部件和模块化产品。如服装制造商按统一规格生产服装，直到顾客购买时才按顾客的身材调整尺寸大小。

采用标准化策略，要求厂商从产品设计开始就要站在消费者的立场考虑如何节省配送成本，而不要等到产品定型生产出来后才考虑采用什么方法降低运输配送成本。

五、控制运输配送成本的方法

1. 强化运输配送成本的核算和考核

要树立现代物流理念，引进先进的物流运输配送管理和优化方法，结合企业实际情况，寻找改善运输配送管理、降低运输配送成本的最佳途径。健全物流管理体制，建立物流运输配送管理专职部门，实现物流配送管理的专门化。利用物流作业成本法（物流ABC），把反映物流运输配送成本的数据从财务数据中准确剥离出来，统一企业成本计算的口径。在提高物流服务水平的同时，加强预算管理，强化成本管理意识，实行定额管理和目标成本管理，进行成本控制目标分解，明确责任，实现责、权、利结合，加强成本核算和考核。

2. 增强全员的物流成本意识

运输配送成本占物流总成本和销售额的比重较大，凸显了运输配送成本管理的重要性。对运输配送成本的控制并不是哪几个部门、哪几个工作人员或哪几个工作岗位就能完成的，而是以物流管理部门为主导，需要运输配送乃至整个物流功能环节及所涉及的各个部门、所有人员的共同配合，科学规划和协调，做到人人关心成本管理，全员参与成本控制，共同降低运输配送成本和物流总成本。

3. 提高企业物流运输配送管理水平

运用系统观点不断优化运输配送资源配置，提高管理技术，提高企业运输配送管理水平，树立物流战略成本管理理念，追求整个供应链和整个流通过程运输配送成本最小化，不断发掘运输配送成本降低潜力，持续降低运输配送成本水平。

4. 消除运输配送中的不合理现象

运输配送不是一个孤立的环节，在组织运输配送时，要对运输配送活动及涉及的其他环节进行科学规划，统筹安排，尽量压缩不必要的环节，减少个别环节所占用的成本。对有条件直运的，应尽可能采取直运，减少二次运输。同时，更要消除对流及隐含运输、迂回运输、重复运输、过远运输等不合理现象。

5. 合理选择运输配送方式，提高运输配送效率

①合理选择运输配送工具。目前在多种运输配送工具并存的情况下，必须注意根据不同货物的特点及对物流时效的要求，对运输配送工具的特征进行综合评价，以便合理选择运输配送工具，并尽可能选择价廉的方式。

②合理选择运输配送方式。要合理组织多式联运，采用零担凑整、集装箱、捎脚回空运输等方法，扩大每次的运输批量，减少运输次数。采用合装整车运输、分区产销平衡合理运输、直达运输、"四就"直拨运输等形式，有效降低运输成本。

③提高运输配送工具技术装载量。改进商品包装，改善车辆的装载技术和装载方法，对不同货物进行搭配运输或组装运输，可以使同一运输配送工具装载尽可能多的货物，最大限度利用运输配送工具的装载吨位，充分使用装载容积，提高运输配送工具的

使用效率。对有条件的货物，开展托盘运输。

6. 科学设计运输配送网络，实现优化运输配送

在运费、运距、生产能力和消费量都已确定的情况下，可充分运用运筹学、管理数学中的线性和非线性规划技术、网络技术等解决运输的组织问题，制订科学合理的运输计划和方案。运用"送奶线路"、定制化运输配送等方法和手段，合理设计运输配送网络。运用 GPS（全球定位系统）、GIS（地理信息系统）等先进技术，对运输配送活动及过程进行跟踪、监控和调度，实现对车辆和线路的最优化、节点配送的优化等功能，也可以进一步提高运输配送效率，提高安全性，减少损失，降低成本。

配送是运输在功能上的延伸，主要服务于支线运输。通过效率化的配送，提高物流规模效益，实现共同配送也可以降低物流运输成本。选择最佳配送手段，实现车辆运行的效率化，从而降低配送成本。同时也提高了供应保证程度，降低了库存成本，进而降低物流总成本。

7. 运用现代化的物流信息系统

现代物流的开展离不开现代化的物流信息系统。信息技术的关键在于提高信息的收集、处理、传播的速度以及信息的准确性，实现信息的共享，有效减少冗余信息传递。通过运输管理系统（TMS）和其他管理信息系统实现有效对接，可使运输配送作业或业务处理准确、迅速。通过信息系统的数据汇总，进行预测分析，控制和降低物流成本。同时可以做到与用户需求信息资源的共享，应对可能发生的各种需求，及时调整运输配送计划，避免无效作业，减少作业环节，消除操作延迟，从而在整体上控制物流无效成本发生的可能性。

8. 整合运力促进资源优化配置

消除企业内部各部门间壁垒、企业间壁垒、区域壁垒造成的物流资源浪费现象和对效率的影响。企业内部实现信息化管理，企业间尝试建立综合信息平台，加强横向沟通和信息共享，改变以往相对封闭的状态和"各自为政""小而全"的运作方式，共享资源，实行物流外包。这样可以减少企业间重复建设造成的资源浪费、效率低下等现象，优化社会和企业资源配置，减少企业投资，降低运输配送成本。

9. 提高运输配送服务质量

加强运输配送服务质量管理，是降低运输配送成本的有效途径。不断提高物流质量，可以减少和消灭各种差错及事故，降低各种不必要的费用支出，降低运输配送过程的消耗，可以让企业保持良好的信誉，吸引更多的客户，形成规模化、集约化经营，提高效率，从根本上降低运输配送成本。

10. 加强运输配送管理和操作人才的培养

人才是企业最重要、最有活力、最宝贵、最能给组织带来效益的资源，能决定其他资源功能的发挥，是一种潜在效益。物流企业要实现现代化物流，就必须重视物流人才队伍的建立。通过内部培养和外部引进的方式，培养人才、使用人才、留住人才。通过他们所掌握的先进知识、理念和技术，实现运输配送活动的优化、效率的提高和成本的降低。

 **案例参考**

控制运输配送成本参考案例

B物流公司——降低连锁餐饮企业配送成本之道

任务实施

根据小王对公司目前仓储物流情况的了解，他认为混合策略可以降低公司物流成本，小王向 A 公司提出的方案如下。

A 公司目前的主要运输配送策略为纯策略，即配送活动全部由企业完成，或全部外包给第三方物流，A 公司的仓储、运输、配送活动全部外包给了 B 公司，造成连年运输成本偏高，混合策略即一部分配送业务由企业完成，根据公司目前的仓储配送条件，建议采用混合策略，合理安排企业自身的配送业务和外包给第三方的配送业务，使配送成本最低。

【想一想】

A 公司还可以运用什么方式降低运输配送成本？

素养园地

聊城：铁路货运为绿色高质量发展增添新动能

2019 年，山东省"1＋1＋8"污染防治攻坚战驻区督察反馈意见指出，聊城市铁路货运量增长幅度低。聊城市委、市政府对此高度重视，以督察反馈问题整改为契机，紧紧围绕新旧动能转换目标任务，进一步加大运输结构调整步伐。茌平区积极支持当地龙头企业——信发集团，加快推动铁路专用线建设，实现运输结构全面转型升级，走出一条绿色发展新路子。

为加强环境治理，助推企业绿色转型，茌平区积极支持引导信发集团改变物料运输方式，优化运输结构，从源头抓好污染治理。信发集团利用邯济铁路途径茌平的优势，陆续投资 10 多亿元建设了铝矾土卸车线、煤炭卸车线、货物装车线等 9 条高标准的铁路专用线，生产所需的大宗物料在全省率先实现了"公转铁"，为企业实现绿色发展提供了强有力支撑。项目建成后，年可减少公路运煤车辆 40 余万辆次，减少一氧化碳、氮氧化物等汽车尾气排放近 2000 吨，年节省运输费用近 2 亿元，实现了经济效益、社会效益和环境效益"三效合一"。

为降低能源消耗，减少扬尘污染，信发集团投资 14 亿元建设了全自动输储煤装卸系统，直接用火车翻车机卸煤，卸煤能力达 2000 吨/时，实现了储煤全封闭、输煤高效率、卸煤全自动，降低了扬尘污染，也有效减少了煤炭损失，真正实现了"进煤不见煤、输料不见料"的清洁环保效果。全自动输储煤装卸系统建成后，年可减少用工 3000 人，减少货运车辆 1000 余辆。信发集团还根据各种物料特点，创新设计了不同类型的全自动装卸系统及地下输送管道，进一步将"新科技"应用于集团内各种物料的运输环节，氧化铝粉、灰渣、石油焦、脱硫石膏等物料装卸系统全部实现负压全自动控制，大大减少了物料损耗，改善了环境空气质量。

"公转铁"不仅是运输方式和运输结构的调整，更是经济发展方式的转型升级。近年，信发集团经历了从追求规模和速度、粗放式发展到绿色生态循环经济、科技高端引领的嬗变，实现了绿色低碳高质量发展，被国家列为第一批"资源节约型、环境友好型"试点企业、"国家级生态型铝产业示范基地"和资源综合利用"双百工程"骨干企业。

下一步，茌平区将深入贯彻习近平生态文明思想，树牢"绿水青山就是金山银山"理念，加快新旧动能转换步伐，不断优化交通运输结构，提升综合运输效能，最大限度地减少移动源污染排放，坚定走出一条生态优先、绿色低碳的高质量发展之路。

第五节　供应链项目信息技术

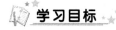

学习目标

知识目标：

1. 了解供应链信息技术
2. 掌握信息技术对供应链管理的重要作用

技能目标：

能够掌握供应链管理中的主要信息技术

素养目标：

1. 培养学生良好的信息收集、分析和处理能力
2. 培养学生良好的沟通能力和组织能力

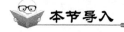

本节导入

A 公司上一年利润为 500 万元，目前，除了财务部门使用了专门的软件，其他的运作（包括生产、采购和送货的计划排程）基本都是靠人工调度。由于供应链管理和信息技术落后，经常出现交货不及时、顾客投诉等情况。若引入供应链管理软件，并对物料和产品进行信息标准化，则需要每年约 30 万元的支出（包括软件维护、升级等费用）。那么，A 公司引入和使用供应链管理软件是否值得呢？

✦ **基础知识** ✦

一、供应链信息技术概述

供应链管理离不开供应链系统的支持，二者相辅相成又各司其职。

供应链管理的发展，与科技的进步和信息技术的发展是密不可分的。时代促进了供应链的发展，供应链催生了供应链系统的完善，供应链系统又使供应链管理的效率大幅提升。供应链管理的核心思想就是协同，让上下游企业、上下游流程能够通畅，而协同的前提是信息的共享和互通，这就必然需要系统的支持。我们在开展计划、采购、生产制造、交付和退货/回收等供应链业务时，大多是在完成对供应链系统的操作，通过信息系统为业务做核算、跟进、校验、预警、信息传输等，降低人工处理的差错率、滞后性和重复性。例如，做计划会用到 MRP II（制造资源计划），采购和供应商管理会用到采购管理系统，生产制造过程的控制会用到生产管理系统，交付流程会用到订单履约中心，退货/回收会用到售后系统等，如图 3-59 所示。

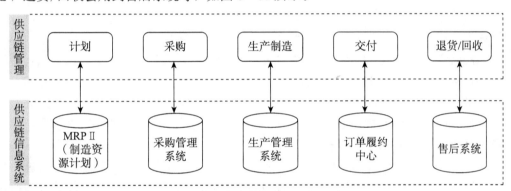

图 3-59　供应链管理与供应链信息系统的关系

二、供应链项目信息技术的运用

1. 供应链信息系统的功能

（1）连接企业供应链的各个环节，建立标准化的操作流程。

（2）建立核心企业的 ERP（企业资源计划）系统，系统中应包括订单信息、供应商和分销商的客户信息以及过往交易的情况、信用度情况，各个管理模块可供相关业务对象独立操作。

（3）具有物流管理系统功能，有效监管货物的收发和在途情况，通过第四方物流供应链平台整合，连通各个管理模块和供应链环节。

（4）与银行建立资金渠道管理功能，主要包括融资方式、支付方式及其他金融服务方式，尤其是企业网银等。

（5）缩短订单处理时间，提高订单处理效率和订单满足率，降低库存水平，提高库存周转率，减少资金积压。

（6）实现协同化、一体化的供应链管理。在综合物流、资金流和商流等信息的基础上，建立供应链的信息平台。

2. 供应链管理系统应具备的功能模块

供应链管理系统应具备的功能模块如图 3－60 所示。

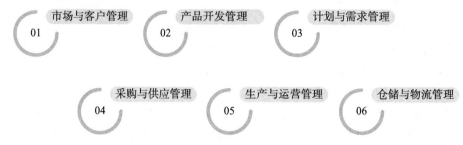

图 3－60　供应链管理系统应具备的功能模块

3. 仓储管理系统（WMS）

WMS 是一个实时的计算机软件系统，它能够按照运作的业务规则和运算法则，对信息、资源、行为、存货和分销运作进行更完美的管理。WMS 不但包含了正常的出入库、盘点等库存管理基本功能，还可以实现仓库作业过程的管理，通过条码及 PDA（掌上计算机）等技术手段，对仓储作业活动及过程进行指导和规范，自动采集并记录相关数据，提高作业的准确性和速度，提高仓库管理的效率、透明度、真实度，降低仓储管理成本，从而提高企业的生产力和物流效率。

WMS 能控制并跟踪仓库业务的物流管理和成本管理全过程，实现完善的企业仓储信息管理。该系统可以独立执行库存操作，与其他系统的单据和凭证等结合使用，可提供更为全面的企业业务流程和财务管理信息。

WMS 一般具有以下几个功能模块：单独订单处理及库存控制、基本信息管理、货物物流管理、信息报表、收货管理、拣选管理、盘点管理、移库管理、打印管理和后台服务系统。

当然，不同的软件公司开发的 WMS，其功能也会有差异。

素养园地

系统软件建设步骤

最复杂的供应链项目是基础建设，设备和系统都是从 0 到 1 建设，项目经理不仅要保证每个方面都能如期完成，还要保证三方能完美衔接，才能最终交付。下面以物流中心的建设为例，简单介绍其中一种项目建设历程。

系统建设整体上分为系统需求调研、需求分析、系统设计、系统研发、软件与硬件联调、系统测试和上线发布 7 个环节。

1. 系统需求调研

供应链管理系统的调研由产品经理负责，可以通过电话、面谈和实地考察等方式完成，调研方向包括但不限于以下几个方面。

①当前业务流程。不同的业务流程对应的系统功能是不一样的，调研时要重点确认作业流程、作业模式、有哪些操作节点和操作岗位、各操作节点的作用和产出、有无设备支持、有哪些痛点、打印单据及样式、出入库均值与峰值、各流程的异常处理和逆向处理等，总之和流程相关的内容调研得越细越好。

②上下游系统交互流程。除了本系统功能，还需要调研上下游系统功能，以及设备功能，厘清各系统之间的交互流程、交互方式（接口、消息）和交互细节（核心字段）。

③业务规划和期望。分别与高层管理人员、中层管理人员和基层业务人员沟通业务的发展目标以及对新系统的建设要求。调研完成后，要统计系统调研结果，对于不明确的地方，还可以进行二次调研，直到对所有细节都了解清楚为止。

2. 需求分析

需求分析是将业务需求转换为系统可实现的功能的过程，基于调研的结果，绘制系统的产品规划图和对应的系统功能模块，再将其细化为可以落地实现的系统功能清单，对功能清单进行优先级排序，按照版本迭代，编写当前版本必须实现的系统需求说明书，并将未实现的需求放进需求池中，做好需求管理。

在需求分析的过程中，产品经理要有甄别真伪需求的能力，并对需求进行取舍，对于不合理的需求要大胆说不，在兼顾满足业务的同时，保证系统结构的完整性及技术实现的难度，该坚持时坚持，该让步时让步。

需求文档生成后，相关人员需要组织需求评审会与业务、研发等部门人员一起对系统逻辑和功能进行评审，评审通过后才能正式提交给研发人员。

3. 系统设计

针对较为复杂的大型系统项目，研发部门在接到需求后不能直接进入系统开发流程，而应该先由架构师对系统需求进行架构设计，设计完成后再进行系统开发。

系统设计分为总体设计和详细设计，总体设计包括明确系统的功能目标、性能目标、架构图、技术框架、开发语言、数据库等。总体设计评审通过后再进行详细设计，详细设计包括系统数据库表设计、接口细节设计、功能交互流程细节设计等。除以上系统总体设计和详细设计外，系统设计还包含 UI（用户界面）设计师对系统交互的 UI 设计以及测试工程师在测试前的测试方案设计，以上设计都需要生成设计文档后召集产品经理、研发人员、测试人员和 UI 设计师一起评审。总之，开发前期的设计准备工作做得越充分，开发过程中变更功能的风险就越小。

4. 系统研发

设计工作完成后，进入正式的系统研发阶段，这也是研发人员最享受的时刻，一行行的代码写出来，对应的是一个个系统功能的实现。研发工作分为前端开发和后台开发，前端开发偏重页面交互，后台开发偏重底层逻辑和算法实现，前端和后台通过接口的方式交互。

5. 软件与硬件联调

软件功能开发完成后，还需要与上下游系统进行联调，联调分为内部各功能模块之间联调、前端与后台联调、软件与硬件之间联调以及上下游系统之间联调，所有的功能都自测通过后，便可以提测了，项目进入系统测试阶段。

在一些流程严谨的公司中，提测前还有冒烟测试环节，研发人员需要对测试人员抽取的核心测试功能点进行自测，达到测试预期后方能提测。

6. 系统测试

正式开始系统测试前，测试人员需要先针对需求进行测试用例编写，并召集项目组成员进行用例评审，评审通过后再按照测试用例一一核对系统功能，将测试出的系统漏洞提交研发人员修改，然后复测，直到所有功能都符合测试预期为止。

除了保证系统功能正常，还要保证系统的稳定性、安全性和可靠性，根据测试的侧重点不同，系统测试分为功能测试、性能测试、安全测试、压力测试等。

在测试过程中，为提升效率，测试人员可以借助自动化测试工具辅助测试，如 Selenium（Web 自动化工具）、JMeter（压力测试工具）、Loadrunner（负载测试工具），有开发能力的测试人员还可以基于 Pytest、Robot 等测试框架自行编写测试脚本辅助测试。

7. 上线发布

测试完成后，系统便具备了上线条件，但此时不能直接上线，因为测试环境和线上的生产环境有很大的区别，要先将程序发布到预发布环境中，然后在预发布环境下进行功能验证。预发布环境和生产环境的区别是：预发布环境中的程序是最新的程序，但没有真实的线上业务，其他功能代码和生产环境中一致。预发布环境验证通过后，才能在生产环境中发布，一个全新的供应链管理系统即便在生产环境中发布了，也不能算真正的上线，需要等到上下游系统、软硬件、现场实施工作都准备到位后，才能真正接入业务。供应链管理系统软件建设的核心工作及产出如表 3-26 所示。

表 3-26　　　　　　供应链管理系统软件建设的核心工作及产出

项目环节	核心工作	参与人	产出
系统需求调研	调研系统相关的流程、策略、业务规划、硬件投入	产品经理	系统需求调研报告
需求分析	基于调研结论做需求细化，设计系统功能	产品经理	需求说明书、功能清单、系统原型
系统设计	对需求进行系统化拆解，完成架构设计、UI 设计和测试方案设计	架构师、UI 设计师、测试人员	架构设计文档、详细设计文档、UI 设计方案、测试方案
系统研发	基于系统设计完成软硬件系统程序研发	研发人员	可运行的系统程序
软件与硬件联调	软件与硬件进行交互联调	研发人员、硬件工程师	能够正常交互的软件、硬件系统
系统测试	测试软硬件系统功能	测试人员	测试用例、测试结论
上线发布	将已完成的程序发布到预发布服务器上	运维工程师	上线发布完成

第六节　供应链环境下的金融风险

学习目标

知识目标:

1. 认识供应链金融风险

2. 了解供应链金融风险的识别与评估指标

3. 了解供应链金融风险管理的"六化"原则

技能目标:

1. 能够掌握供应链金融风险评估的步骤

2. 能够掌握应对供应链金融风险的措施

素养目标:

1. 培养学生的风险防范意识

2. 培养学生的全局观念

任务 1　供应链项目金融风险评估

任务导入

A 公司作为制造型企业,可能面临的金融风险包括:核心企业信用风险、上下游企业信用风险、业务操作风险、物流监管方风险等。为及时对供应链项目的金融风险进行防控,A 公司风控部专员小孙收到任务,要求其对供应链项目进行金融风险评估,那么,小孙应如何进行供应链项目金融风险评估呢?

基础知识

一、供应链金融风险概述

1. 定义

供应链金融风险的定义有广义和狭义之分。广义的供应链金融风险是指供应链金融运行中预期收益与实际收益的偏离,强调引起各种损失的可能性。

基于供应链金融系统的复杂性和参与主体的多元化,狭义的供应链金融风险是指在供应链背景下,商业银行融资服务中的各种风险,导致交易对手违约造成损失,从而无法达到供应链金融风险管理的目标。供应链金融风险不仅包括贷款企业自身的信用风险,还包括供应链核心企业的信用风险、质押物的市场需求、质押物的价值评估以及仓库监管等多方交易风险。因此,供应链金融所带来的风险仍然会影响银行对信贷资金收回的时效性、周期性和呆账的可能性。尽管银行在一定程度上解决了与贷款企业的信息不对称问题，但根据供应链金融的特点，银行仍然需要借助核心企业以及第三方仓储物流公司参与监管，但仍然不排除多方合谋骗贷的可能性。

2. 类别

供应链金融风险的类别如表 3-27 所示。

表 3-27　　　　　　　　　　　　供应链金融风险的类别

风险类别	具体内容
内部管理风险	主要在企业内部，如人员素质不高、管理机制不完善等，我国企业内部管理风险往往较大
运营风险	当物流公司从事金融服务时，运营范围和运营环节也会增加，因此运营中的风险不容小觑。从仓储、运输到银企之间的往来、和客户供销商的接触，运营风险无处不在
信用风险	包括货物的合法性、客户诚信度等，同时信用风险还与财务风险、运营风险、平安风险和法律风险等密切相关。在具体开展供应链金融业务时，应该主要对信用风险进行评估和管理，降低违约的可能性
技术风险	物流金融提供商因缺乏足够的技术支持而引起的风险。如网络信息技术的落后、货物价值系统评估不完善等
市场风险	那些应用不广泛、不易于处置、易变质、价格波动大的商品作质押品会存在较大的风险。如：商品在质押期间，市场价格大幅下降，可能会出现贷款额高于质押物价值的现象，使贷款企业产生赖账的动机
平安风险	质押物在存储运输期间的平安问题，如：仓库是否有监控、人员的诚信度以及提单的可信度等
环境风险	指政策制度和经济环境的改变，包括相关政策的适应性
法律风险	主要是合同的条款规定和对质押物的所有权问题。因为业务涉及多方主体，质押物在主体间流动，很可能产生对质押物所有权的纠纷

3. 特点

供应链金融风险的特点如表 3-28 所示。

表 3-28　　　　　　　　　　　　供应链金融风险的特点

风险特点	具体表现
具有传导效应	供应链上各企业之间是相互依存和相互作用的，它们共同在供应链金融创新活动中获得利益。但是，一旦某个企业出现问题，其风险会向上下游企业传导，使其他企业受到牵连，最终使供应链金融服务者和合作方都遭受损失
具有动态性	供应链金融风险不是一成不变的，它会随着供应链网络规模、融资模式创新、运营状况以及外部环境等因素动态变化
具有高度的复杂性	供应链金融风险是供应链风险和金融风险的叠加

二、影响供应链金融风险的因素

按照不同的来源和层次，影响供应链金融风险的因素可分为供应链外生风险、供应链内生风险和供应链主体风险三种。

1. 供应链外生风险

供应链外生风险是指受外部经济条件、金融环境以及产业条件的变化影响，供应链的资金流、物流和信息流协调工作受到影响，从而产生了潜在的风险。供应链外生风险的内容如图3-61所示。

这类风险并不能使供应链运营管理者直接做出决定或者进行管理，但供应链运营管理者应该时刻关注这些因素的变化并据此调整供应链金融业务绩效的四个维度。

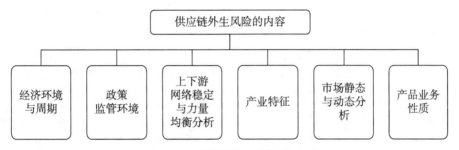

图3-61　供应链外生风险的内容

2. 供应链内生风险

供应链内生风险是指供应链组建和运行不当所产生的风险，主要体现在内在结构、流程和要素等方面出现问题。由于供应链各环节、流程和要素都与参与主体有所联系，一旦某个环节出现问题，很可能会使整个供应链体系受到影响。供应链内生风险的形成原因如图3-62所示。

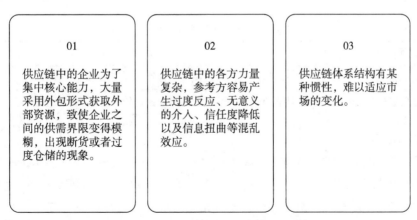

图3-62　供应链内生风险的形成原因

3. 供应链主体风险

对供应链主体进行分析，主要是为了防止供应链主体在供应链金融活动中采取机会主义行为，使金融活动组织者或者某一方产生重大损失。

供应链金融中的主体既包括运营企业，也包括金融组织者。在分析这些主体时，不仅要看其自身的运营情况和资源、实力，还要对其真实的业务运行状况进行分析，了解企业的经营能力和营运效率，掌握各项资产的流动性，并对那些流动性较差的资产进行融通可行性分析。当然，企业经营者或者合作对象的信用也是必须分析的内容。

三、供应链金融风险评估的原则

1. 主体加债项

传统的风险评级系统共有九步，其基础为主体评级，并以债项评级作为辅助，显然这种风险评级的方式更适合传统信贷。对于供应链金融而言，若当时不能对风险的大小进行准确评估，往往会造成对风险的高估，在一定程度上对业务拓展造成了阻碍。基于供应链金融的自偿性，销售存货所得的现金流是企业主要的还款来源，因此提出了供应链金融风险评估的主体加债项评估原则，也就是对债项和借款企业主体的风险进行综合考虑，并加重债项评价的权重，侧重债项指标。

某股份银行在对供应链金融风险评估进行总结时，也曾提出在自偿性贸易融资中，由于借款主体的还款来源主要依托其资产收入和综合偿付能力，银行对借款者的授信依据为贷款者对交易的组织能力以及该业务的自我清偿特征，短周期操作中的自偿性和封闭性才是供应链金融风险评估的核心。因此在进行风险评估体系的设置时，要对债项结构评价指标和主体评价指标的权重进行综合考虑，赋予不同的权重。

2. 系统性

供应链是一个综合系统，供应链金融风险具有复杂性。企业的运营、企业所在的供应链和区域以及企业所处的经济周期等都会对供应链的金融风险产生影响。因此在供应链金融风险评估体系构建时要综合考虑整个系统，以提高供应链金融风险评估体系的完整性，要考虑的因素包括非系统性风险和系统性风险。非系统性与系统性风险评估指标如表 3-29 所示。

表 3-29　　　　　　　　　　非系统性与系统性风险评估指标

评估指标	具体内容
非系统性风险评估指标	包括企业担保品的变现风险、信用风险、具体操作风险
系统性风险评估指标	包括对整个供应链系统以及行业、区域、宏观风险的衡量

3. 强调动态性与过程性

与信贷服务不同的是，供应链金融不仅要对贷款的准入问题进行关注，而且要对运营的过程进行控制，因此供应链金融的风险评估要强调动态性和过程性。也就是在建立融资风险评估指标体系时，指标的设置要根据业务运营的过程进行，并重视与过程相关的指标。以操作过程风险为例，其在供应链金融中很重要，在风险评估指标体系中所占权重应更多，以显示其动态性与过程性。

四、供应链金融风险评估的步骤

1. 建立评估指标体系和评判标准

通过识别供应链金融风险，可以科学建立融资风险评估体系，如存货质押融资的供应链金融风险评估指标体系，具体包括系统风险和非系统风险。

在评估供应链金融风险的过程中，一线的评估人员应当现场调查历史资料，并且尽可能利用一些定量的分析方法实施综合评估。在评估过程中，能够采用定量公式进行衡量的指标，则尽可能进行定量评估。利用数据计算这些定量指标后，就能够设置合理的规则，明确不同评分相应的范围。之后在具体评分上映射指标的定量数值，无法定量的则利用打分方法。

七级评分方法，就是每个需要衡量评估的指标，最终按照其风险情况划分为 7 个等级：风险很大——1 分、大——2 分、较大——3 分、一般——4 分、较小——5 分、小——6 分、很小——7 分。之后，可以按照事前确定的每个指标的权重计算加权平均分值，获得具体业务最后的评分结果，这一结果可以在标准的评级上映射。

由于供应链金融具有典型的过程性与动态性特征，故评估融资分值也必须是动态的。这就需要监管方与评估人在贷款期间，根据业务的变化动态地对评估分值进行积极调整，以便准确地对风险进行警示。

2. 明确评估指标权重并且实行一致性检验

确定供应链金融风险评估指标权重时可以采用德尔菲法实行专家打分，也就是邀请专家分别估计各个因素的权重，之后对不同专家的估计进行平均并且得到各个指标的最终权重。具体步骤如下：

（1）建立判断矩阵

在供应链金融风险评估指标体系中，设计上一层指标 A 是准则，支配的下一层指标是 B_1，B_2，…，B_n，各个元素对于准则 A 的相对重要性，即权重，能够利用标准法赋值。针对准则 A，比较 n 个元素之间相对重要性，获得一个两两对比的判断矩阵：

$$C = (b_{ij})_{\text{mun}} \ (i, j = 1, 2, 3\cdots, n)$$

（2）计算相对权重

供应链金融风险评估指标体系中元素 B_1，B_2，…，B_n，针对准则 A 的相对权重 w_1，w_2，…，w_n，可以得到向量形式 $W = (B_1, B_2, …, B_n)$。对于设计权重，通常利用几何平均法，先按列乘以 A 得到新向量，再把每个分量开 n 次方，把得到的向量归一化就能够得到向量公式。也可以利用和法、特征根法等。

（3）一致性检验

要想判断上述矩阵与权重是否科学，需要实施一致性检验。具体过程是：判断矩阵乘以权重系数获得矩阵 CW，再求出矩阵最大特征根，代入公式获得一致性检验指标，按照平均随机一致性指标确认 $R.I$ 数值，最后利用公式 $C.R. = C.I./R.I.$ 获得一致性比例 $C.R.$ 的数值；当 $C.R. < 0.1$ 时，可接受一致性检验，否则将对判断矩阵进行修正。

案例参考

供应链项目金融风险评估参考案例

某公司供应链金融风险评估平台

任务实施

步骤一：阶段划分

风控部小孙对供应链金融风险评估的阶段进行划分，分为阶段1A、阶段1B、阶段2、阶段3、阶段4A、阶段4B。

步骤二：建立评估指标

阶段1将风险进行分类，小孙将风险分为信用风险、供应链风险和市场风险三类，每种风险根据所发生的负面事件进行评估。阶段2按半定量概率和损失评估，评分范围为1～5分。阶段3针对1个月中5％最差情况里的最好情况进行定量评估。阶段4进行定量＋半定量评估。

步骤三：建立评级矩阵

风控部小孙根据上述评估标准，建立评级矩阵，供应链风险评估和评级矩阵如表3-30所示。

表3-30 供应链风险评估和评级矩阵

阶段1A		股东解决方案备选方案									
阶段 1B	风险分类	(a) 信用风险			(b) 供应链风险			(c) 市场风险		
	负面事件	事件1	事件2	事件3	事件1	事件2	事件3	事件1	事件2	事件3
	风险评估									
阶段 2	半定量概率和损失评估（描述且按1～5分打分）	P	D	P	D	P	D	P	D	P	D	P	D	P	D	P	D	P	D
阶段 3	定量1个月中5％最差情况里的最好情况（＋/－）	EVaR	EVaR	EVaR	EVaR	EVaR	EVaR	EVaR	EVaR	EVaR

续表

阶段 4A	定量＋半定量评估							
阶段 4B	风险等级							
	单一种类风险评级（A/B/C）							
	综合风险评级（α/β/γ）							

注：P——概率；D——损失；EVaR——条件期望分位数风险价值。

 素养园地

《安阳市"十四五"现代流通体系发展规划》：创新供应链金融服务

2022年9月29日，河南省安阳市人民政府发布《安阳市"十四五"现代流通体系发展规划》。其中提及：创新供应链金融服务。

发展供应链金融服务机构。推动银行业金融机构发起设立供应链金融专营机构、事业部或特色分支机构，将更多信贷资源向供应链上下游中小企业倾斜。支持供应链核心企业发起设立或参股民营银行、保险公司、企业集团财务公司、小额贷款公司、融资租赁公司等机构，推动国有企业设立供应链金融服务公司。支持政府引导基金、国有企业、社会资本发起设立供应链金融产业基金，为企业开展供应链创新与应用提供融资支持。

丰富供应链金融产品。引导金融机构加强对物流企业的融资支持，鼓励规范发展供应链金融，依托核心企业加强对上下游小微企业的金融服务。建立供应链核心企业名单，支持供应链核心企业与金融机构合作，共同开发应收账款融资、存货、仓单、订单、预付款融资等现代供应链金融服务。引导供应链核心企业与"中征应收账款融资服务平台""信豫链"等融资服务平台对接，在线确认债权债务，便利中小企业获得供应链金融服务。鼓励金融机构提供更加便利的供应链票据贴现融资服务。鼓励保险机构稳妥发展各类信用保证保险，创新更多适应供应链金融特点的保险产品。

健全供应链金融运行机制。强化金融行业自律管理，引导金融机构合规经营、严控风险。实施信用监管，推动金融机构、供应链核心企业与各级信用信息共享平台、政务信息平台互联互通，大力挖掘"数据信用"价值。优化供应链金融监管机制，对供应链金融实施差异化监管。加强对供应链金融的风险监控，强化交易真实性审核和全流程监控，推动金融机构、供应链核心企业建立债项评级和主体评级相结合的全面风险防控体系，提高金融机构事中事后风险管理水平。鼓励金融机构、核心企业、第三方机构等相关主体加强信息协同和共享合作，提高信息透明度和金融服务效率。

任务 2　应对供应链项目金融风险

任务导入

从对供应链项目风险的评估中我们可以了解供应链的一系列金融风险,那么,面对供应链金融风险应当怎样应对呢?

基础知识

一、供应链金融风险控制体系

在供应链中,上下游之间的交易需要经过控制和约束才能达到交易目标。一般存在着以下两种控制方式。

1. 正式控制体系

(1) 结果控制

结果控制也被称为绩效控制,是指在运营过程中采取绩效测量的方法对客户经营中的各种行为产生的结果进行监控。这样可以直接实现委托方的目标需求。结果控制要想合理发挥作用,必须建立在能够准确测量融资对象行为结果的基础上。

(2) 行为控制

行为控制也被称为过程控制,是指在运营过程中时刻关注如何把客户的合适行为转化为预期结果的过程。这样做可以使融资对象的活动按照预期进行。

行为控制要想合理发挥作用,必须建立在能够有效监控融资对象行为信息的基础上。

2. 非正式控制体系

(1) 信任

信任是指在风险状态下一方对另一方的正向期望或信赖。在供应链金融业务中,信任主要来源于金融服务提供者与客户企业之间的互动和合作。金融服务提供者一定要明确彼此的法律关系,只承担自己范围之内的责任,超出范围的业务坚决拒绝,这样建立起来的战略合作关系才会稳固。建立战略合作关系主要从以下几个方面着手。

①与金融机构或者流动性资产提供者建立长期稳定的战略合作关系,强化操作管理部门与金融风控部门之间的沟通。

②与关键客户建立稳定的合作关系,并对客户的经营状况等各项情况进行细致分析和评价,以便于进行客户管理。

③对客户及其子服务提供商(货运代理人、第三方物流企业或其他合作者)进行等级考核评定,将考核结果与项目风险挂钩,按照结果对客户进行分类管理,并对后期业务合作提供指导。这样做可以降低风险,与客户建立长期稳定的合作与信任机制。

（2）资产专用性

资产专用性是指该项资产只能用于特定交易，只要将该项资产投向某交易后，就不能再挪作他用。如果终止资产所应用的交易，该项资产就成为沉没成本。

资产专用性程度越高，交易双方就越具有依赖性，而且任何一方违约都会给另一方造成巨大损失。通过资产专用性，交易双方的利益绑定在一起，更换交易会对自身的利益造成损害。尽管资产专用性会损害合作的柔性，但对双方建立的长期合作伙伴关系有巨大的维系作用，有利于规避关系风险。

由于资产专用性很有可能会导致沉没成本，所以这一项交易也会被计入交易成本。为了节省成本，资产专用性会促使双方组织更加紧密地结合，通过长期合作降低搜寻成本和选择成本，从而在总体上降低交易成本。

在供应链金融中，资产专用性体现在质押物、担保物以及为维系特定关系而投入的资产，比如信息系统、协同管理系统、金融业务现场操作系统、互联网远程监控技术、物联网技术和定位技术等。

二、供应链金融风险管理的"六化"原则

1. 业务闭合化

业务闭合是指首尾相接，形成环路，最大化地提高效率，减少成本，这是供应链金融运行的首要条件。供应链的整体活动应该是有机相连、有序运行的，包括发现价值、生产价值、传递价值和实现价值环节，这些环节形成了完整的循环，如图3-63所示。

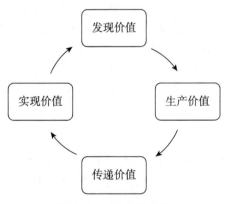

图3-63　业务闭合化

供应链运营是供应链金融的核心和前提，一旦供应链运营无法实现闭合，价值生产和价值实现出现偏差，潜在的问题和风险就会出现。图3-63的完整闭环决定了供应链金融的基础，即供应链运营的竞争力和收益。

在设计和运作供应链金融时，还要考虑所有可能影响业务闭合的因素，这些因素主要有宏观层面的因素与微观层面的因素，如表3-31所示。

表 3-31 影响业务闭合的宏观与微观层面因素

宏观层面	宏观层面的因素主要是指宏观系统风险。供应链运营可能由于经济、政治、法律等环境的不确定性而出现中断，无法实现可循环的闭合运营。在全球化市场背景下，供应链金融活动更容易产生这一问题。没有完美无缺的市场，在一个全球化组织和各国法规并存的环境中，贸易摩擦不可避免，生产运营会出现各种障碍。因此，企业要设计一种快速、灵活的供应链体系，以此来应对各因素对供应链闭合性的影响
微观层面	微观层面的因素是指行业或者区域性系统风险。供应链金融的开展一定是基于某一特定行业或者某一区域而进行的。供应链金融服务的行业和区域特征一定会对供应链的运行产生影响。 在行业影响方面，供应链金融应该在持续稳定发展的行业中进行，而对于那些限制性的行业或者衰败的行业，供应链金融会有巨大的风险； 在区域性因素上，地区的经济发展前景、市场透明度、政府服务水平和区域环境的稳定性都可能对业务闭合化产生重要影响

2. 交易信息化

交易的信息化是影响供应链金融风险的重要因素，主要表现在以下两个方面。

（1）企业或组织间的信息化

企业或组织间的信息化也分为两个方面。一是企业跨职能信息沟通，如销售部门及时提供项目执行情况反馈表、生产部门及时反馈项目运行情况等。如果企业内部不能做到信息化和数字化，无法形成有效传递，就必然会产生风险。二是供应链上下游企业之间或者金融服务组织者之间的信息沟通，如核心企业与相关企业进行信息互换，金融机构与企业之间有效协调等，一旦相异产业之间没有进行信息的标准化和交换，供应链运行就是一个空壳，金融机构的收益也会受到影响，进而使整个供应链受到波及。

（2）供应链运营过程管理的信息化

供应链运营过程的信息化涉及能否及时掌握供应链运行状况和准确的信息。这一点包括很多方面，如金融业务网上审批和联网管理、使用物流金融业务现场操作系统等互联网技术。

3. 收入自偿化

收入自偿化指的是自偿性贸易融资的特征，是根据企业真实的贸易背景、供应链流程和上下游综合经营资信实力，向链上企业提供短期融资，并把企业未来的稳定现金流作为直接的还款来源。

虽然其与流动资金贷款同属短期融资，但自偿性贸易融资与流动资金贷款在授信理念、授信管理方式上区别明显。在授信理念上，自偿性贸易融资注重贸易背景的真实性，会对企业物流和资金流进行有效的锁定，期限严格与贸易周期匹配，自偿性特征明显。在授信管理方式上，自偿性贸易融资注重客户的债项评级结果，结合特定产品授权控制，相对来说，授权控制宽松很多。另外，从授信结果看，流动资金贷款多为单笔授信，而自偿性贸易融资为额度授信，满足了贸易的批量性和周转性。

4. 管理垂直化

管理垂直化也就是管理专业化，是指对供应链活动实施专业化管理，目的是明确责任，控制供应链流程，并且使各个管理部门互不重复、相互制约。因此，管理体系要达到"四个分离"，具体表现如图 3－64 所示。

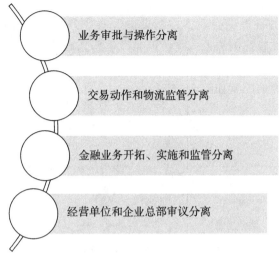

业务审批与操作分离

交易动作和物流监管分离

金融业务开拓、实施和监管分离

经营单位和企业总部审议分离

图 3－64 "四个分离"的具体表现

5．风险结构化

在开展供应链金融业务过程中要实现风险的结构化，这指的是合理设计业务结构，并运用各种手段化解可能存在的风险。风险的结构化需要考虑以下几个方面的因素。

（1）保险

要想分散业务风险，购买保险是一个不错的方案。完善的金融保险风险分散方案应该将各种险种有效组合在一起，如客户信用险、财产保险、第三方监管责任险以及员工真诚险等。这样的组合方式在市场经济较为发达的国家比较常见，但我国尚处于市场经济初期，诚信经济尚未完全建立起来，这种组合型保险仍需探索。

（2）担保与承诺

在供应链金融业务中，各参与方或主体能起到的担保和承诺都应该考虑在内，包括融资需求方、连带保证方、一般保证方以及其他利益相关者的担保承诺。

（3）协议约定

供应链金融业务要想顺利持续地开展，各参与方应该公平公正地承担业务责任，因此必须客观地界定各方的权利和义务以及承担风险的范围和方式。

（4）建立风险准备金

供应链金融业务具有高风险的特点，这使得提供金融服务的服务商以及参与监管的监管方都有着不小的压力。要想有效避免风险带来的损失，不妨向期货市场的风险准备金制度学习，计提一定比例的风险准备金。这样即使出现一些损失，这些损失也在可控范围内，对经营的影响不大。

6．声誉资产化

声誉资产是企业给社会公众的综合印象，是企业无形资产的总和，即口碑、形象、表现、行业地位以及社会责任等名声指标的统称。企业的声誉资产需要企业一点一滴地积累，靠长期不断地努力才能获得。可以说，声誉资产是企业最强大的软性竞争力，是企业最宝贵的资产。

在供应链金融创新中，声誉代表了企业在从事或者参与供应链金融业务时的能力、责任和担当。只有声誉良好的企业，才能促进金融业务稳定持续地发展，一旦丧失声誉，意味着企业具有比较高的道德风险，可能产生恶意破坏行为，导致供应链金融生态环境恶化和市场秩序紊乱。

综合考察企业声誉的因素如图 3-65 所示。

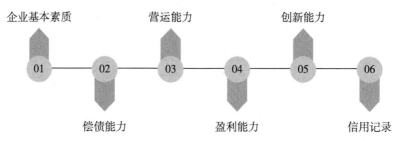

图 3-65　综合考察企业声誉的因素

三、应对供应链金融风险的措施

1. 创建独立的风险管理体系

健全的风险管理体系是实现全方位、全过程风险管理的组织保障，也是完备的风险管理制度和科学的风险管理流程的基础载体。

因为供应链金融信贷业务具有与传统信贷业务不同的风险特征，所以在对其进行风险管理时，要创建独立的风险管理体系。把供应链金融业务的风险管理系统独立出来，可以使风险管理系统的整体运行更有效率。不要用传统的财务指标约束供应链金融信贷业务的发展，要引入新的企业背景与交易实质共同作为风险管理系统的评判因素。

2. 审慎选择拟授信的供应链群

供应链金融信贷业务以供应链群体企业之间良好的合作关系为信用风险管理的主线，优势行业与畅销产品是维护良好的供应链合作关系的前提，也是银行有效控制供应链信贷业务信用风险的重要前提。

银行应事先选择允许开展供应链融资的行业和产品，将贷前的市场准入作为控制供应链信用风险的第一道防线。

3. 建立快速的市场商品信息收集和反馈体系

买方市场时代，产品的质量、更新换代速度、正负面信息的披露等，都直接影响质押物的变现价值和销售。因此，物流企业和银行应根据市场行情正确选择质押物，并设定合理的质押率。

一般要选取销售趋势好、市场占有率高、实力强、知名度高的产品作为质押商品，并对其建立销售情况、价格变化趋势的监控机制，及时获得真实的资料，避免由于信息不对称引起对质押物的评估失真，控制市场风险。

4. 强化内部控制，防止操作风险

操作风险主要源于内部控制及公司治理机制的失效。因为贷后管理是供应链金融信

贷业务中重要的一步，所以发生操作风险的概率比传统业务要高，这就要求银行成立专门的部门负责贷后跟踪与对质押物的管理。

质押物管理环节多由物流公司或仓储公司负责，银行要加强与这些企业的联系，注意对其资格的审查，并且随时进行抽查。

具体地说，就是要督促物流企业不断提高仓库管理水平和仓管信息化水平，并制定完善的质押物入库、发货的风险控制方案，加强对质押物的监管能力。有针对性地制定严格的操作规范和监管程序，杜绝因内部管理漏洞和不规范而产生的风险。

5. 明确各方的权利义务，降低法律风险

因为供应链金融业务涉及多方主体，质押物的所有权在各主体间流动，很可能产生所有权纠纷加之该业务开展时间较短，目前还没有相关的法律条款可以遵循，也没有行业性指导文件可以依据。

因此，在业务开展过程中，各方主体应尽可能地完善相关的法律合同文本，明确各方的权利义务，将法律风险降低到最小。

由于动产的流动性强以及我国法律对抵质押担保生效条件的规定，银行在抵质押物的物流跟踪、仓储监管、抵质押手续办理、价格监控乃至变现清偿等方面都面临着巨大挑战，这一矛盾曾一度限制了银行此类业务的开展。

因此，在尽量避免损害"物"的流动性的前提下，对流动性的"物"实施有效监控，将是供应链金融服务设计的核心思想。

第三方物流企业在动产抵质押物监管及价值保全、资产变现和货运代理等方面具备优势，除了对贷款后的抵质押物提供全面的监管服务外，还为银行提供一系列提高抵质押物授信担保效率的增值服务，包括对授信对象所在行业的发展前景及抵质押物的价格走势进行分析、对抵质押物的价值进行评估、银行不良资产项下抵质押物的处置变现等。

这些专业化的服务有利于降低银行抵质押担保授信业务的交易成本，为银行的供应链金融服务提供风险防火墙，拓宽了银行的授信范围，也为供应链节点企业提供了更加便捷的融资机会。

6. 逐步构建完善的供应链金融风险评估模型

在发展供应链金融业务的同时，也要注意信用评级系统数据库中数据的逐步积累。当今银行风险控制的发展趋势是数量化、模型化，供应链金融作为一项新的信贷业务，风险评估模型不可或缺，而构建完善模型的基础就是收集具有代表性的数据。所以银行要注意投入物力、人力开发供应链金融风险的评估模型，使此业务今后的风险管理成本更少、更有效率。

7. 组建专业的供应链融资操作队伍

开展供应链金融业务不仅需要掌握传统融资的方法与技巧，更需要具备创新型融资的知识与技能，以及深层次的从业经验。从事供应链融资，需要对产品特性有深入了解，也需要有卓越的风险分析能力与交易管控能力，以使银行能够掌控供应链金融业务风险。

案例参考

应对供应链项目金融风险参考案例

基于库存的供应链融资模型

任务实施

上海×明现代物流有限公司（以下简称"×明物流"）是国家 AAAA 级物流企业，主营业务包括冷链物流、汽配物流、电商物流、商贸物流，兼营垫付、代收货款以及融资、质押等物流金融服务。×明物流的前身是成立于 1994 年的上海某汽车运输有限公司的物流业务板块。目前，×明物流拥有冷链运输车辆 600 余辆、特种集装箱运输车辆 50 余辆、厢式及其他运输车辆 300 余辆，另有可控外协车辆 1000 多辆，日物流量 1.5 万余吨，其中冷链物流量 5500 余吨，并拥有仓库面积 20 多万平方米，主要经营普通货物运输、冷链运输、省际道路货运代理等。

自成立以来，×明物流积极向各个物流领域发展，已经从单一的运输承运商，转变成了综合第三方物流企业，并且与很多企业形成了长期、稳定的战略联盟。借助宽泛的业务网络，×明物流的经营范围已经从上海及华东地区辐射全国，并与多家海外企业开展物流合作。其中，麦德食品是×明物流的核心客户。麦德坐落于哈尔滨，为全国的麦当劳、肯德基等快餐连锁餐厅提供成品薯条。×明物流基于与麦德的合作关系，针对农户设计了一套农业供应链金融服务。

为了缓解麦德向农户支付预付款和收购款的资金压力，×明物流在明确麦德的采购计划后，为麦德垫付土豆种植和培育期间的资金。具体做法是，×明物流先向农户支付 20％的预付款，并承包土豆成熟后的采购运输。在土豆成熟后，×明物流对土豆进行保鲜运输、仓储等早期的质量管理，将物流服务渗透到麦德供应链的前端。

实际上 20％的预付款也是一笔相当大的资金，在这笔供应链业务的设计之初，需要考虑自然灾害风险、农户违约风险、交付物质量变动风险、少数经营个体恶意心理风险和资金周转成本等。

【想一想】

如果你是×明物流的管理人员，会如何应对这些风险？

 素养园地

Z银行：以供应链金融助推数字经济发展

近日，2022年浙江省数字化改革"最系列"成果评选结果公布，Z银行"供应链金融综合服务应用"入选"最佳应用"。

该评选是由浙江省委改革办（省数改办）会同省委政研室、省人大常委会法工委、省市场监管局和省大数据局共同开展，旨在贯彻落实浙江省委数字化改革部署要求，打造更多具有浙江辨识度和全国影响力的重大标志性成果。

聚焦传统供应链金融主体授信审批难、规模化发展难、风险控制难等痛点，Z银行通过"数字化改革＋场景化应用"，打造"行业化＋嵌入式"的供应链金融服务模式，构建覆盖主流场景的供货通、应收通、订单通、分销通等供应链金融综合服务应用，推动产业数字化升级和高质量发展。

据介绍，供应链金融综合服务应用赋能产业链上下游中小微企业，持续放大Z银行在产业链、供应链高质量发展、金融供给侧结构性改革等方面的推动作用，成为助推产业数字化转型的关键环节。目前，该银行已在节能与新能源、智能制造、现代农牧等28个行业形成差异化解决方案，在全国累计投放1834亿元，融资余额727亿元，其中，小微企业占比81％。

在实践中，Z银行供应链金融以客户需求为导向，找准供应链金融服务的"小切口"，构建标准化数智金融的"快应用"，积极融入浙江省"产业大脑＋未来工厂"、乡村振兴、智能制造、共同富裕等"大场景"，将金融"活水"精准滴灌到产业链上的真实资金堵点，助力企业融资畅通，推动金融资源更优配置，促进产业数字化升级，深化银行在服务实体经济、助力共同富裕中的作用。

据了解，Z银行将数字化改革作为四大战略重点之一，并将"供应链金融助力高质量发展工程"作为重点实施的六大工程之一加以推进，数字化的金融服务已成为其近年突出的特色。接下来，该银行将坚持金融为民的社会担当和服务理念，坚定金融服务实体经济的初心，继续依托数字化技术全面升级供应链金融，持续为产业数字化转型和数字经济发展贡献力量。

第四章　供应链项目运营的实践

第一节　上海贝尔电子商务供应链管理战略实施

基础知识

一、面临的供应链管理问题

中比合资的上海贝尔有限公司（以下简称"上海贝尔"）成立于 1984 年，是中国现代通信产业的支柱企业，在全国外商投资企业百强和电子信息百强企业中名列前茅。公司总注册资本 12050 万美元，总资产 142 亿元，有员工 4000 多人，平均年龄 29 岁，72％以上的员工具有大学本科及以上学历，有硕士和博士学位的员工 500 余名，其中科研开发人员占员工总数的 40％。

上海贝尔拥有国家级企业技术中心，在通信网络及其应用的多个领域具有国际先进水平。公司建立了覆盖全国和海外的营销服务网络，建成了世界水平的通信产品制造平台。公司的产品主要由两部分构成：一是传统产品，指 S12 程控交换机系列；二是新产品，相对 S12 产品而言，由移动、数据、接入和终端产品构成，二者产值比例约为8：2。

上海贝尔企业内部的供应链建设状况尚可，有良好的内部信息基础设施，流程和职责相对明晰。但上海贝尔与外部供应链资源的集成状况不佳，很大程度上依然是传统的运作管理模式，并没有真正面向整个系统开展供应链管理。从 1999 年始，全球 IT（互联网技术）产品市场需求出现爆发性增长，但基础的元器件材料供应没有及时跟上，众多 IT 行业厂商纷纷争夺材料资源，同时出现设备交货延迟等现象。由于上海贝尔在供应链管理的反应速度、柔性化调整和系统内外响应力度上有所不足，一些材料不成套，材料库存积压，许多产品的合同履约率极低，如：2000 年上半年普遍履约率低于 70％，有的产品如 ISDN（综合业务数字网）终端产品履约率不超过 50％。客观现状的不理想迫使公司对供应链管理进行改革。

二、上海贝尔的电子商务供应链管理战略

电子商务是企业提高国际竞争力和拓展市场的有效方式，同时，它也为传统的供应链管理理论与方法带来了新的挑战。供应链管理与电子商务相结合，产生了电子商务供

应链管理，其核心是高效率地管理企业的信息，帮助企业创建一条畅通于客户、企业内部和供应商之间的信息流。

上海贝尔电子商务供应链管理战略的重点分别是供应商关系管理的 E 化（数字化）、生产任务外包业务的 E 化、库存管理战略的 E 化、需求预测和响应的 E 化。

1. 供应商关系管理的 E 化

对上海贝尔而言，其现有供应商关系管理模式是开展良好供应链管理的重大障碍，需要在以下几个方面做 E 化的调整。

（1）供应商的遴选标准

首先，依据企业/供应商关系管理模型对上海贝尔的需求产品和候选供应商进行关系界定。其次，明确对供应商的信息化要求和双方信息沟通的标准，特别关注关键性材料资源供应商的信息化设施和平台情况。"传统的供应商遴选标准＋分类信息标准"是 E 化供应商关系管理的基础。

（2）供应商的遴选方式和范围

上海贝尔作为 IT 厂商，其供应商呈现全球化的倾向，故供应商的选择应以全球为遴选范围，充分利用电子商务手段进行遴选、评价，如网上供应商招标或商务招标，一方面，可以突破原有信息的局限，另一方面，可以实现公平竞争。

2. 生产任务外包业务的 E 化

目前，IT 企业核心竞争优势不外乎技术和服务，上海贝尔未来的发展方向是提供完善的信息、通信解决方案和优良的客户服务，生产任务的逐步外包是必然选择。未来外包业务量的增加势必会加大管理和协调的难度和复杂程度，需要采用电子商务技术管理和协调外包业务。

（1）外包厂商的选择

除原有的产能、质量、交货等条件外，增添对其生产计划管理系统和信息基础建设的选择标准，保证日后便于开展 E 化运行和监控，如：上海无线电 35 厂一直是公司的外包厂商，但其信息基础设施相对薄弱，一旦外包任务量增大，市场需求信息频繁变动，落后的信息基础设施和迟缓的信息响应，会严重影响供应链的效率。

（2）外包生产计划的实时响应

上海贝尔现拥有 Intranet（企业内部互联网）和 ERP 系统，外包厂商可借助 Internet（国际互联网）或专线远程接入 ERP 系统，与上海贝尔实现同步化生产计划，即时响应市场需求的变动。

3. 库存管理战略的 E 化

近几年，由于全球性的电子元器件资源紧缺，且上海贝尔的原有库存管理体系抗风险能力差，库存问题成为上海贝尔的焦点问题之一。面向供应链管理的库存管理模式有多种，根据上海贝尔的库存管理种类和生产制造模式，采用以下库存管理模式。

（1）材料和半成品库存管理

在上海贝尔，材料和半成品库存管理基本是对应订单生产模式的，市场需求的不确定性迫使企业备有一定的安全库存，这样就产生了库存的管理问题。根据近年遇到的实际情况，对关键性材料资源考虑采用联合库存管理策略。在考虑市场需求的同时，也顾及供应商的产能，在电子商务手段的支持下，双方实现信息和资源共享、风险共担的良性库存管理模式。

（2）成品库存管理

由于上海贝尔的产品结构和近期市场需求旺盛两个方面的原因，近年来基本无严重成品库存管理问题，但是市场需求波动造成的缺货压力偏大。上海贝尔的 IT 系统和基础设施比较完善，能有力地支持库存管理，同时企业实力、存储交货能力也较强，2000年公司已开始尝试运用总体框架协议、分批实施、动态补偿，同时实行即时的信息交换，采用供应商管理客户库存模式实现终端成品库存管理。

4. 需求预测和响应的 E 化

上海贝尔要发展成为世界级的电信基础设施供应商，必然面对全球化的市场、客户和竞争，势必对市场研究、需求预测和响应作相应的变革。

（1）E 化的市场研究和需求预测

上海贝尔的库存风险来自两个方面：其一是库存管理模式，其二是市场预测偏差。强化市场研究、减少需求预测偏差势在必行。电子商务技术的应用可从研究范围、信息来源、反馈时间、成本费用等方面提高市场预测的水平。上海贝尔可以在公司原有 Intranet 的基础上，与各分公司、分销商专门建立需求预测网络体系，实时、动态地跟踪需求趋势、收集市场数据，随时提供最新市场预测，使上海贝尔的供应链系统能真正围绕市场运作。

（2）E 化的市场和客户响应

现在，上海贝尔各大分公司通过专递合同文本至总公司审查确认，然后进入 ERP系统运行，交货平均周期为 7～10 天；而现有的合同交货周期大量集中在 20～30 天，生产的平均周期为 10～15 天，运输周期为 3～5 天，如此操作，极易造成交货延迟。由此看来，ERP 系统在物理上的延伸的确能较大地改善需求和合同响应效率。

近期，可通过骨干网专线的延伸或 Internet，建立公司 ERP 系统与分公司、专业分销商之间的电子连接，同时将有关产品销售或服务合同的审查职能下放至各大分公司，使市场需求在合同确认时即能参与企业 ERP 系统运行，在需求或合同改变时企业 ERP系统及时响应，调整整个供应链的相关信息。

从中长期而言，上海贝尔逐步发展 B2B（企业对企业）电子商务，建立在线产品目录和解决方案、在线客户化定制和订购、在线技术支持和服务，使上海贝尔的目标客户更直接、方便、及时地与上海贝尔沟通。

三、电子商务与供应链管理的集成和应用的关键切入点

1. 电子商务与供应链管理的集成

供应链管理模式要求突破传统的计划、采购、生产、分销的范畴和障碍，把企业内部及供应链节点企业间的各种业务看作一个整体功能过程，通过有效协调供应链中的信息流、物流、资金流，将企业内部的业务和流程与企业外部的供应链有机地集成，以适应新竞争环境下市场对企业生产和管理运作提出的高质量、高柔性和低成本的要求。基于电子商务的供应链管理的主要内容涉及订单处理、生产组织、采购管理、配送与运输

管理、库存管理、客户服务、支付管理等方面。

电子商务的应用促进了供应链的发展，也弥补了传统供应链的不足。从基础设施的角度看，传统的供应链管理一般建立在私有专用网络上，需要投入大量资金，只有一些大型企业才有能力建设自己的供应链，并且这种供应链缺乏柔性。而电子商务使供应链可以共享全球化网络，中小型企业能够以较低的成本加入全球化供应链。

从通信的角度看，通过先进的电子商务技术和网络平台，可以灵活地建立起多种组织间的电子连接，从而改善商务伙伴间的通信方式，将供应链上企业各个业务环节孤岛连接在一起，使业务和信息实现集成和共享，使一些先进的供应链管理方法变得切实可行。

2. 应用的切入点分析

企业的供应链管理系统是一个开放的、动态的系统，可将企业供应链管理的要素区分为两大类：①区域性要素，包含采购/供应、生产/计划、需求/分销三要素；②流动性要素，包含信息流、资金流和物流。根据供应链管理系统基本六元素的区域性和流动性，可形成供应链管理系统矩阵分析模型。

借助电子商务实现集成化供应链管理是未来供应链管理的发展趋势，管理者可以从供应链管理矩阵的角度，根据供应链管理系统的具体内容，系统地认识和分析电子商务应用的关键切入点，并充分发挥电子商务的战略作用。

基于电子商务的应用，可以有效地实现供应链上各个业务环节信息孤岛的连接，使业务和信息实现有效的集成和共享。同时，电子商务应用将改变供应链的稳定性和影响范围，也改变传统的供应链上信息逐级传递的方式，为企业创建广泛可靠的上游供应网关系、大幅降低采购成本提供了基础，使许多企业能以较低的成本加入供应链联盟。上海贝尔的电子商务供应链管理实践表明，该战略的实施不仅可以提高供应链运营的效率和顾客的满意度，而且可以使供应链管理的组织模式和管理方法得以创新，并使得供应链具有更好的适应性。

第二节　戴尔计算机公司的供应链和运营管理

基础知识

戴尔计算机公司（以下简称"戴尔"）的总部位于美国得克萨斯州，新建成的计算机装配厂就在戴尔总部附近。在戴尔的厂房里，最引人注目的是楼梯旁的墙壁上挂着一排排专利证书。戴尔发明的重点不在于新产品的开发，而是加工装配技术的革新，如流水线的提速、包装机的自动控制等。戴尔把这些专利证书摆放在如此显眼的位置，显然是想告诉每位参观者，这些专利确保了戴尔模式的精髓——"效率第一"。

一、每天组装2.5万台计算机

台式计算机装配部门的负责人艾根先生说，当戴尔决定在总部附近新建这家工厂时，他们告诉建筑设计师，新工厂的目标是让每个工人的产量翻一番，零配件和组装好的计算机还不能放在厂里，既占用空间，又浪费人力。

在设计师的努力下，这家新工厂的占地面积比原计划小了一半，产量却几乎增加了3倍多。装配计算机的程序虽然没有变化，但新装配线的自动化程度却大幅提高，工人们接触计算机的次数比原来少了一半。原来，装配好的计算机要先运到一个转运中心分发，就像邮递员要先把信件送到分拣中心一样，现在计算机可以直接从工厂运走，省去了占地25万平方英尺（约2.3万平方米）的库房。

在新厂房一侧的中心控制室里，工作人员正注视着计算机显示屏上出现的各种数据，一位经理介绍，戴尔接到的订单中有一半以上是通过互联网发出的，也有许多是通过电话发出的。客户发出订单一分钟内，控制中心就会收到信息。工作人员把收到的订单信息迅速传递给各个配件供应商，同时也将信息输入管理装配线的计算机。戴尔新装的软件系统将错误率降低到了每百万台不超过20台。

由于没有仓库，为了保证与配件供应商的紧密联系，戴尔建立了一整套网络管理系统，供应商们则联合成立了配件供应中心。戴尔只要通过网络发出指令，所需配件的数量、规格、型号、装配和运输全都按照计算机的安排精确运行，每道工序之间严丝合缝。戴尔发现客户对某种配件需求量增大，也可以立即通知供应商，增加产量。戴尔用多少，配件厂商就供多少，减少了生产过剩的情况。

在装配车间的一头，工人们按照计算机指令，把运到的零配件迅速分发到各条装配线上。装配线旁有不少小隔段，每个隔段有一两个工人，他们根据计算机的指示，在流水线运来的主机里装上各种零配件。每台主机都有一个编号，所需的配件上也有编号，安装之前，先要用扫描仪扫描编号，确保不会出现错误。从零配件进厂装配到检验完毕后装车运出厂，平均每台计算机只需要5个小时。工厂每两个小时接到一批零配件，每4个小时发出一批装好的计算机。

在这个厂房里，工人们每天要组装2.5万台计算机。在新装的三条装配线上，每条装配线每小时可以生产700台配置不同的计算机，原来的装配线每小时最多只能装配120台计算机。即便已经有了如此大的提高，艾根先生仍认为，装配线的潜力尚未完全开发出来，未来可以提高到每小时1000台的生产水平。

戴尔的成功已经成为现代商业、制造业供应链和运营管理的典范，不少专家将戴尔比作大型连锁超市沃尔玛。用戴尔首席执行官本人的话来说，戴尔与沃尔玛最大的相同之处就是把效率作为首要追求目标。戴尔的工人在十年间创造的价值翻了一番。

二、为顾客提供最适合的产品配置

谈起戴尔模式，人们自然会想到直销，其实直销不过只是戴尔模式的一个组成部分。

购买了戴尔网络设备的连锁旅店的经理说，戴尔的产品并不一定是最先进的，但却是最好用的，价格也是最合适的。他们以前也曾购买过其他公司的产品，有些公司为了提高客单价，往往拼命推销一些新产品和附加产品。高配置的计算机虽然很先进，却并不那么实用，有的功能根本用不上，安装后等于闲置。而戴尔不同，你需要什么它就卖给你什么，量体裁衣。戴尔的调查表明，许多客户选择戴尔的产品，就是因为其他厂商提供很多不必要的服务和设备。

戴尔总裁兼首席运营官在谈到中国市场时，首先讲的就是要用符合中国用户需求的计算机扩大市场份额，而不是推出新产品或更高级的计算机。他说："我们在推出一种产品时，首先考虑的是用户是否需要，是不是愿意或有能力购买，而不仅仅是技术上更先进或拥有更高的配置。我们不应该浪费顾客的钱。如果一种发明仅仅是为了让顾客多花钱而不能有效增加使用价值，意义就不大。"

三、每台计算机都有一个编号，保证优质服务

为了保证质量和效率，每台戴尔计算机都是由一位工人装配的，并且有一个编号。有了这个编号，戴尔能够提供更好的服务。可以很快查出机型、配置、生产厂家、安装者信息，从而立即找到能够解决问题的技术人员。美国一家公司曾做过调查，如果是服务器出现了同样的问题，其他厂商需要停机 5 小时排除故障，戴尔只需要 1 小时。更重要的是，当顾客发现计算机有问题而打电话咨询时，是和生产商直接交涉，而不是通过销售商再去找厂商，减少中间环节，节省了很多时间。

戴尔已经把客户、配件生产厂家、供应商、装配线等联结成了一个整体。目前，戴尔与全球 170 多个国家的 5 万多家供应商和配件生产厂保持联系，并掌握它们的库存和生产信息。有了这样一个网络，戴尔就能够保证按时、按质送货到位。如果一辆运送 17 英寸显示器的货车因暴风雪被阻，戴尔的控制中心得到消息后，就能够迅速查到哪家供应商有存货，并立即把最近的存货调送给用户。如果 17 英寸的显示器无法按时运达，工作人员为保证及时供货，还可以调运 19 英寸的显示器替补，只收取少量附加费。戴尔的管理人员说，如果意外情况发生，离交货截止时间还有 48 小时，他们就有 90％的把握保证按时交货。

戴尔还与遍及全球的电器和电子生产厂商结成了一个庞大的服务网，6700 多名服务人员随时提供包括电话、网络、数码相机、打印机等各种配套设备和技术的服务。主管全球企业系统市场的副总裁说，戴尔的目标就是通过全方位的服务"帮助你解决所有问题"。

四、运营成本比竞争对手低

相对于其他公司来说，戴尔在科研与开发方面的投入并不算多，每年大约只有 4.4 亿美元，而惠普是 40 亿美元。但戴尔更注重降低运营成本，把所有不必要的开支减少到零，特别是努力减少中间环节上的花费，以最少的投入，获取最大的收益。经过多年的努力，戴尔的运营成本占总收入的比例不断下降，现在仅为 10％。

运营成本越低意味着价格可能下调的空间越大，价格成了戴尔近年来不断蚕食对手市场份额的"撒手锏"。美国市场上的戴尔产品至少要比竞争对手的同类产品便宜 10％。

与竞争对手相比，戴尔的优势就在于它能够以更短的时间、更少的开支制造出更符合用户需要的产品。这就是计算机行情跌入低谷，戴尔却仍然保持着较高收益的真实原因。

大批量的生产还使戴尔具有了创立业界标准的实力。近年，戴尔扩张的势头越来越强，它已经转向了服务器、网络储存器、掌上计算机等高端产品的装配与销售，甚至开始生产打印机。与此同时，戴尔也在走出北美，不断建立和扩大在欧洲和亚洲的生产、销售及服务网络。戴尔在中国市场的销售也迅速增长，面对戴尔的挑战，有的对手不得不放弃装配计算机，转而委托供应商或其他厂家代为加工。

五、戴尔模式很难复制

戴尔的经理介绍，在中国和墨西哥，戴尔的模式会根据当地情况的不同而有所调整，但其基本的原则和思路不会有太大变化。

戴尔的首席执行官在回答"别的企业能不能复制戴尔模式？"这个问题时说，各国有各国不同的情况，各个企业也有各个企业不同的情况。几年前有的美国公司想模仿戴尔，但最终还是没有成功。戴尔公司的另一位主管也表示："戴尔模式是一个综合体。把那么多要素揉在一起，也许并不是每家企业都能做到的事情。重要的是如何找到最适合自己的，能够提高效率的发展模式，而不是'复制'戴尔。"